MP3 사용법

▶ **mp3 다운로드**

www.lancom.co.kr에 접속하여 **mp3**파일을 무료로 다운로드합니다.

▶ **우리말과 원어민의 1 : 1 녹음**

책 없이도 공부할 수 있도록 일본인 남녀가 자연스런 속도로 번갈아가며 일본어 문장을 녹음하였습니다. 우리말 한 문장마다 일본인 남녀 성우가 각각 1번씩 읽어주기 때문에 보다 더 정확한 발음을 익힐 수 있습니다.

▶ **mp3 반복 청취**

교재를 공부한 후에 녹음을 반복해서 청취하셔도 좋고, 일본인의 녹음을 먼저 듣고 잘 이해할 수 없는 부분은 교재로 확인해보는 방법으로 공부하셔도 좋습니다. 어떤 방법이든 자신에게 잘 맞는다고 생각되는 방법으로 꼼꼼하게 공부하십시오. 보다 자신 있게 일본어를 할 수 있게 될 것입니다.

▶ **정확한 발음 익히기**

발음을 공부할 때는 반드시 함께 제공되는 mp3 파일을 이용하시기 바랍니다. 언어를 배울 때 듣는 것이 중요하다는 것은 두말할 필요가 없습니다. 오랫동안 자주 반복해서 듣는 연습을 하다보면 어느 순간 갑자기 말문이 열리게 되는 것을 경험할 수 있을 것입니다. 의사소통을 잘 하기 위해서는 말을 잘하는 것도 중요하지만 상대가 말하는 것을 정확하게 듣는 것이 더 중요하다고 합니다. 활용도가 높은 기본적인 표현을 가능한 한 많이 암기할 것과, 동시에 일본인이 읽어주는 문장을 지속적으로 꾸준히 듣는 연습을 병행하시기를 권해드립니다. 듣는 연습을 할 때는 실제로 소리를 내어 따라서 말해보는 것이 더욱 효과적입니다.

MP3 다운로드 방법

컴퓨터에서 ➤ • 네이버 블로그 주소란에 **www.lancom.co.kr** 입력 또는
네이버 블로그 검색창에 **랭컴**을 입력하신 후 다운로드

• **www.webhard.co.kr**에서 직접 다운로드

아이디　　: lancombook

패스워드 : lancombook

처음 시작하는 **독학 일본어 첫걸음**

처음 시작하는 **독학 일본어 첫걸음**

2020년 10월 01일 초판 01쇄 인쇄
2023년 10월 25일 초판 13쇄 발행

지은이 박해리
발행인 손건
편집기획 김상배, 장수경
마케팅 이언영
디자인 이성세
제작 최승용
인쇄 선경프린테크

발행처 *LanCom* 랭컴
주소 서울시 영등포구 영신로34길 19
등록번호 제 312 2006 00060호
전화 02) 2636-0895
팩스 02) 2636-0896
홈페이지 www.lancom.co.kr

ⓒ 랭컴 2020
ISBN 979-11-89204-66-2 13730

처음 시작하는
독학
일본어
첫걸음

박해리 지음

LanCom
Language & Communication

들어가며

일본어는 우리말과 같은 계통의 언어로서 문법 구조가 비슷하고, 어휘 측면에서는 한자를 쓰기 때문에 다른 계통의 언어에 비해 배우기가 쉽다고 할 수 있습니다. 그러나 우리에게 비교적 배우기 쉬운 언어라고 하더라도 외국어인 이상 어려움은 정도의 차이일 뿐 마찬가지이고, 특히 초보자에게 있어서는 학습 방법의 차이에 따라 영어보다 오히려 더 어려울 수도 있습니다. 이처럼 일본어를 배우기 시작한 지 얼마 안 되어 중도에 포기하는 학습자가 많은 이유는 비능률적인 학습 방법뿐만 아니라 교재 선택의 잘못에서 기인한 경우가 많다고 할 수 있습니다.

또한 암기식 공부 방법에는 단점도 있지만 외국어 공부에서 암기와 반복 훈련은 누구도 부정할 수 없는 필수 과정입니다. 누가 더 일본어를 잘하느냐는 누가 그 상황에 적절한 표현을 더 많이 외웠느냐하는 문제와 직결됩니다. 따라서 필자는 일선 강단에서의 활동과 일본어 교재 연구의 풍부한 경험을 바탕으로, 일본어 공부를 처음 시작하거나 사정에 의해 중단하였다가 다시 시작하려는 분들을 위해 학원에 가지 않고도 혼자서 온전하게 독학이 가능하도록 초급 수준에서 익혀야 할 어법을 마스터하는 데 최대한 중점을 두었습니다.

1. 초보자가 알아야 할 기본적인 문법만 익힙니다

이 책은 일본어를 처음 배우거나, 배우다가 중도에 포기하신 학습자를 위한 신개념 왕초보 첫걸음 책입니다. 일본어 초급자가 반드시 알아야 할 기초문법에 근거하여 활용어(동사, 형용사, 형용동사 등)를 중심으로 차근차근 학습할 수 있도록 단계별로 구성하였습니다. 따라서 이 책은 일본어 문장을 이해하고 만드는 데 꼭 필요한 기본적인 어법 활용을 아주 쉬운 예문으로 정리해 두었습니다.

2. 간단한 문법 설명과 문장을 문형화하여 체계적으로 기억합니다

기본 문장에 들어가기 전에 문법 설명을 두어 먼저 일본어 문장을 이해하는 데 도움이 되도록 하였습니다. 또한 일본어 각 품사의 어미활용을 문형으로 공식화하여 긍정문과 부정문, 의문문 등 변형된 문장의 형식들을 쉽게 이해할 수 있도록 했습니다.

3. 대화문을 통해 기본 문장을 응용할 수 있습니다

각 유닛마다 주어진 문법 패턴을 활용하기 위한 기본 문장을 6개씩 두어 충분히 이해할 수 있도록 하였습니다. 기본 문장을 충분히 연습한 다음 맞쪽에 있는 생생하고 자연스런 대화문을 통해 일상생활에서도 바로 응용할 수 있도록 하였습니다. 보고 듣고 쓰고 말하기를 꾸준히 반복하다 보면 다양한 문장 유형들을 빠르게 익힐 수 있고, 읽기 능력과 말하기 능력도 함께 향상됩니다.

4. 일본인 발음을 통해 정확한 발음을 익힙니다

일본어 발음은 음절 수가 별로 많지 않기 때문에 비교적 다른 외국어에 비해 쉽다고 할 수 있습니다. 하지만 정확한 발음은 일본인의 녹음을 반복해서 듣는 것이 제일입니다. 이 책에서는 한글로 발음을 표기해두었으나, 어디까지나 이것은 독자의 이해를 돕기 위한 것이므로 전적으로 이것에만 의존해서는 안 됩니다. 본사(www.lancom.co.kr)에서 무료로 제공하는 녹음파일을 다운받아 충분히 활용하시기 바랍니다.

PART **01** **단정과 존재의 표현**

01 ~です 22

02 ~ではありません 24

03 ~の~ / ~のです 26

04 ~でした 28

05 ~ではありませんでした 30

06 あります / います 32

07 ありません / いません 34

08 ありました / いました 36

09 ありませんでした / いませんでした 38

10 ~しかありません / いません 40

PART **02** **형용사와 형용동사**

01 (형용사)~いです 46

02 (형용사)~い + 명사 48

03 (형용사)~くありません 50

04 (형용사)~くは[も]ありません 52

05 (형용사)~くありませんでした 54

06 (형용동사)~です 56

07 (형용동사)~な + 명사 58

08 (형용동사)~ではありません 60

09 (형용동사)~でした 62

20 (형용동사)~ではありませんでした 64

PART **03** **동사의 종류와 활용**

01 (5단동사)~き・ぎ・します 70

02 (5단동사)~い・ち・ります 72

03 (5단동사)~に・み・びます 74

04 (1단동사)~ます ···································· 76

05 (변격·예외동사)~ます ······················ 78

06 (5단동사)~き·ぎ·しません ················ 80

07 (5단동사)~い·ち·りません ················ 82

08 (5단동사)~に·み·びません ··············· 84

09 (1단동사)~ません ····························· 86

10 (변격·예외동사)~ません ··················· 88

11 (5단동사)~き·ぎ·しました ················ 90

12 (5단동사)~い·ち·りました ················ 92

13 (5단동사)~に·み·びました ··············· 94

14 (1단동사)~ました ····························· 96

15 (변격·예외동사)~ました ··················· 98

16 (5단동사)~き·ぎ·しませんでした ······ 100

17 (5단동사)~い·ち·りませんでした ······ 102

18 (5단동사)~に·み·びませんでした ······ 104

19 (1단동사)~ませんでした ················· 106

20 (변격·예외동사)~ませんでした ········· 108

PART 04 접속표현과 과거형

01 (명사)~で、~です ························· 116

02 (형용사)~くて、~いです ··············· 118

03 (형용동사)~で、~です ··················· 120

04 (형용사)~かった ··························· 122

05 (명사·형용동사)~だった ················· 124

06 (동사)~やすい ······························ 126

07 (동사)~にくい ······························ 128

08 (동사)~に行く ······························ 130

09 (동사)~に来る ······························ 132

10 (동사)~ときは[まえに] 134

11 (동사)~すぎる 136

12 (형용사·형용동사)~すぎる 138

13 (동사)~ながら 140

14 (동사)~たい 142

15 (동사)~たがる 144

16 ~でも ~ましょう 146

17 いくら ~ても[でも] 148

18 ~から ~まで 150

19 ~より ~[の]ほうが~ 152

20 ~の中で、いちばん 154

21 (명사)~になる 156

22 (형용사)~くなる 158

23 (형용동사)~になる 160

24 (형용사)~くする 162

25 (명사·형용동사)~にする 164

PART 05 동사의 て형

01 (1단동사)~て 170

02 (5단동사)~いて[で]·して 172

03 (5단동사)~って 174

04 (5단동사)~んで 176

05 して·きて / ~って 178

06 (동사)~ている 180

07 (동사)~ている 182

08 (동사)~てある 184

09 (동사)~てある 186

10 (동사)~ておく 188

11 (동사)~てから 190

12 (동사)~てみる 192

13 (동사)~てしまう 194

14 (동사)~ていく 196

15 (동사)~てくる 198

16 ~から 200

17 ~(な)ので 202

18 ~(な)のに 204

19 ~(の)ために 206

20 ~(の)ために 208

P A R T 06 부정표현과 요구표현

01 (1단동사)~ない 214

02 (5단동사)~か・が・わ・さ・た・らない 216

03 (5단동사)~な・ば・まない / こない・しない 218

04 (형용사)~くない 220

05 (명사・형용동사)~ではない 222

06 (동사)~ないで 224

07 (동사)~なくて 226

08 (동사)~てもいい 228

09 (동사)~なくてもいい 230

10 (동사)~てはいけない 232

11 (동사)~なさい 234

12 (동사)~てください 236

13 お~ください 238

14 (동사)~ないでください 240

15 (동사)~てほしい 242

16 ~でしょう 244

일본어 문자 표기에는 히라가나, 카타카나, 한자, 이 세 가지를 병용해서 사용합니다. 히라가나는 인쇄나 필기 등의 모든 표기에 쓰이는 기본 문자이며, 카타카나는 주로 외래어를 표기할 때 사용합니다. *카타카나는 별색으로 표시하였습니다.

あ ア 아 a	い イ 이 i	う ウ 우 u	え エ 에 e	お オ 오 o
か カ 카 ka	き キ 키 ki	く ク 쿠 ku	け ケ 케 ke	こ コ 코 ko
さ サ 사 sa	し シ 시 si	す ス 스 su	せ セ 세 se	そ ソ 소 so
た タ 타 ta	ち チ 치 chi	つ ツ 츠 tsu	て テ 테 te	と ト 토 to
な ナ 나 na	に ニ 니 ni	ぬ ヌ 누 nu	ね ネ 네 ne	の ノ 노 no
は ハ 하 ha	ひ ヒ 히 hi	ふ フ 후 hu	へ ヘ 헤 he	ほ ホ 호 ho
ま マ 마 ma	み ミ 미 mi	む ム 무 mu	め メ 메 me	も モ 모 mo
や ヤ 야 ya		ゆ ユ 유 yu		よ ヨ 요 yo
ら ラ 라 ra	り リ 리 ri	る ル 루 ru	れ レ 레 re	ろ ロ 로 ro
わ ワ 와 wa				を ヲ 오 o
ん ン 응 n,m,ng				

◀» 탁음과 반탁음

か さ た は행의 글자 오른쪽 윗부분에 탁점(ﾞ)을 붙인 음을 탁음이라고 하며, 반탁음은 は행의 오른쪽 윗부분에 반탁점(ﾟ)을 붙인 것을 말합니다.

が ガ 가 ga	ぎ ギ 기 gi	ぐ グ 구 gu	げ ゲ 게 ge	ご ゴ 고 go
ざ ザ 자 za	じ ジ 지 zi	ず ズ 즈 zu	ぜ ゼ 제 ze	ぞ ゾ 조 zo
だ ダ 다 da	ぢ ヂ 지 zi	づ ヅ 즈 zu	で デ 데 de	ど ド 도 do
ば バ 바 ba	び ビ 비 bi	ぶ ブ 부 bu	べ ベ 베 be	ぼ ボ 보 bo
ぱ パ 파 pa	ぴ ピ 피 pi	ぷ プ 푸 pu	ぺ ペ 페 pe	ぽ ポ 포 po

◀» 발음

ん은 단어의 첫머리에 올 수 없으며 항상 다른 글자 뒤에 쓰여 우리말의 받침과 같은 구실을 합니다. ん 다음에 오는 글자의 영향에 따라 다음과 같은 소리가 납니다.

ㅇ ん(ン) 다음에 か が행의 글자가 이어지면 「ㅇ」으로 발음한다.

    えんき [엥끼] 연기　　　　　　ミンク [밍쿠] 밍크

ㄴ ん(ン) 다음에 さ ざ た だ な ら행의 글자가 이어지면 「ㄴ」으로 발음한다.

    かんし [간시] 감시　　　　　　はんたい [한따이] 반대

    ヒント [힌토] 힌트　　　　　　パンダ [판다] 팬더

ㅁ ん(ン) 다음에 ま ば ぱ행의 글자가 이어지면 「ㅁ」으로 발음한다.

    あんま [암마] 안마　　　　　　テンポ [템포] 템포

ㅇ ん(ン) 다음에 あ は や わ행의 글자가 이어지면 「ㄴ」과 「ㅇ」의 중간음으로 발음한다.
또한 단어 끝에 ん이 와도 마찬가지이다.

    れんあい [렝아이] 연애　　　　　　にほん [니홍] 일본

◀)) 요음

요음이란 い단 글자 중 자음에 반모음의 작은 글자 ゃゅょ를 붙인 음으로 우리말의 ㅑㅠㅛ 같은
역할을 합니다.

きゃ キャ 캬 kya	きゅ キュ 큐 kyu	きょ キョ 쿄 kyo
しゃ シャ 샤 sha(sya)	しゅ シュ 슈 shu(syu)	しょ ショ 쇼 sho(syo)
ちゃ チャ 챠 cha(tya)	ちゅ チュ 츄 chu(tyu)	ちょ チョ 쵸 cho(tyo)
にゃ ニャ 냐 nya	にゅ ニュ 뉴 nyu	にょ ニョ 뇨 nyo
ひゃ ヒャ 햐 hya	ひゅ ヒュ 휴 hyu	ひょ ヒョ 효 hyo
みゃ ミャ 먀 mya	みゅ ミュ 뮤 myu	みょ ミョ 묘 myo
りゃ リャ 랴 rya	りゅ リュ 류 ryu	りょ リョ 료 ryo
ぎゃ ギャ 갸 gya	ぎゅ ギュ 규 gyu	ぎょ ギョ 교 gyo
じゃ ジャ 쟈 zya(ja)	じゅ ジュ 쥬 zyu(ju)	じょ ジョ 죠 zyo(jo)
びゃ ビャ 뱌 bya	びゅ ビュ 뷰 byu	びょ ビョ 뵤 byo
ぴゃ ピャ 퍄 pya	ぴゅ ピュ 퓨 pyu	ぴょ ピョ 표 pyo

◀》 촉음

촉음은 つ를 작을 글자 っ로 표기하며 뒤에 오는 글자의 영향에 따라 우리말 받침의 ㄱ ㅅ ㄷ ㅂ으로 발음합니다.

ㄱ   촉음인 っ(ッ) 다음에 か き く け こ가 이어지면 「ㄱ」으로 발음한다.

けっか [겍까] 결과   サッカー [삭카―] 사커, 축구

ㅅ   촉음인 っ(ッ) 다음에 さ し す せ そ가 이어지면 「ㅅ」으로 발음한다.

さっそく [삿소꾸] 속히, 재빨리   クッション [쿳숑] 쿠션

ㅂ   촉음인 っ(ッ) 다음에 ぱ ぴ ぷ ぺ ぽ가 이어지면 「ㅂ」으로 발음한다.

いっぱい [입빠이] 가득   ヨーロッパ [요―롭파] 유럽

ㄷ   촉음인 っ(ッ) 다음에 た ち つ て と가 이어지면 「ㄷ」으로 발음한다.

きって [긷떼] 우표   タッチ [탇치] 터치

*이 책에서는 ㄷ으로 발음하는 경우는 편의상 ㅅ으로 표기하였다.

◀》 장음

장음이란 같은 모음이 중복될 때 앞의 발음을 길게 발음하는 것을 말합니다. 카타카나에서는 장음부호를 ―로 표기합니다.

あ   あ단에 모음 あ가 이어질 경우 뒤의 모음인 あ는 장음이 된다.

おかあさん [오까―상] 어머니   スカート [스카―토] 스커트

い   い단에 모음 い가 이어질 경우 뒤의 모음인 い는 장음이 된다.

おじいさん [오지―상] 할아버지   タクシー [타쿠시―] 택시

う   う단에 모음 う가 이어질 경우 뒤의 모음인 う는 장음이 된다.

くうき [쿠―끼] 공기   スーパー [스―파―] 슈퍼

え   え단에 모음 え나 い가 이어질 경우 뒤의 모음인 え와 い는 장음이 된다.

おねえさん [오네―상] 누님, 누나   えいが [에―가] 영화

お   お단에 모음 お나 う가 이어질 경우 뒤의 모음인 お와 う는 장음이 된다.

こおり [코―리] 얼음   とうふ [토―후] 두부

처음 시작하는
일본어 첫걸음

PART 01

단정과 존재의 표현

긍정 표현

부정 표현

과거 표현

부정과거 표현

기초 일본어 문법

단정의 표현

▶ ~は ~です

~です는 우리말의 '~입니다'에 해당하는 말로 명사 및 그에 준하는 말에 접속하여 정중하게 단정을 나타냅니다. 여기서 は는 우리말의 '~은(는)'에 해당하는 조사로 명사에 접속하여 주제에 대한 설명을 합니다. 본래의 발음은 ha(하)이지만 조사로 쓰일 때는 반드시 wa(와)로 발음합니다.

これは本です。 이것은 책입니다.

▶ ~ですか

~です에 의문이나 질문을 나타내는 종조사 か를 접속한 ~ですか는 우리말의 '~입니까'의 뜻이 되며, 의문문에는 ?로 표기하지 않고 마침표인 '。'를 쓴다는 점이 우리 표기법과 차이가 있습니다.

これは本ですか。 이것은 책입니까?

▶ ~では(じゃ) ありません

~ではありません은 정중한 단정을 나타내는 ~です의 부정형으로 우리말의 '~이(가) 아닙니다'의 뜻으로 단정을 정중하게 부정하는 표현입니다. 의문이나 질문을 나타내는 종조사 か를 접속하면 '~이(가) 아닙니까?'의 뜻이 됩니다. ~ではありません의 では는 회화체에 흔히 じゃ로 줄여서 ~じゃありません으로 말합니다.

これは本では(じゃ)ありません。 이것은 책이 아닙니다.

▶ ~でした

~でした는 우리말의 '~이었습니다'로 해석되며, 정중한 단정을 나타내는 ~です에 과거·완료를 나타내는 た가 접속된 형태입니다.

それは本でした。 그것은 책이었습니다.

▶ ~では(じゃ)ありませんでした

~ではありませんでした는 '~이(가) 아니었습니다'의 뜻으로 ~ではありません에 ~です의 과거형인 ~でした가 접속된 형태입니다.

それは本では(じゃ)ありませんでした。 그것은 책이 아니었습니다.

존재의 표현

▶ あります

あります는 사물이나 식물 등, 동작성이 없는 것의 존재를 나타낼 때 쓰이는 말로 우리말의 '있습니다'에 해당합니다. 그러나 います는 あります와 마찬가지로 존재를 나타내는 점에서는 동일하지만, 동작성이 있는 사람이나 동물 등 생물의 존재를 나타낼 때 쓰입니다. 이처럼 우리말에는 존재를 나타내는 말이 하나밖에 없지만, 일본어에는 두 가지 표현이 있습니다.

> **ここに本があります。** 여기에 책이 있습니다.
>
> **ここに猫がいます。** 여기에 고양이가 있습니다.

▶ ありません

ありません은 사물의 존재를 나타내는 あります의 부정형으로 우리말의 '없습니다'의 뜻입니다. 동작성이 있는 생물의 존재를 나타내는 います의 부정형은 いません(없습니다)입니다.

> **ここに本はありません。** 여기에 책은 없습니다.
>
> **ここに猫はいません。** 여기에 고양이는 없습니다.

▶ ありました

ありました는 무생물의 존재를 나타내는 あります의 과거형으로 우리말의 '있었습니다'이고, いました는 생물의 존재를 나타내는 います의 과거형으로 '있었습니다'의 뜻입니다. 즉, ます에 과거·완료를 나타내는 た가 접속된 형태입니다.

> **あそこに本がありました。** 거기에 책이 있었습니다.
>
> **あそこに猫がいました。** 거기에 고양이가 있었습니다.

▶ ありませんでした

ありませんでした는 あります의 부정형인 ありません에 です의 과거형인 でした가 접속된 형태로 우리말의 '없었습니다'에 해당합니다. いませんでした는 います의 부정형인 いません에 でした가 접속된 형태로 우리말의 '없었습니다'에 해당합니다.

~です
~입니다

 녹음을 듣고 소리내어 읽어볼까요?

이것은 책입니다.

これは本です。
고레와 혼데스

~は ~은(는) *조사로 쓰일 때는 '하'가 아니라 '와'로 발음한다

저것은 연필입니다.

あれは鉛筆です。
아레와 엠피쯔데스

~です ~입니다

나는 학생입니다.

わたしは学生です。
와따시와 각세-데스

이것은 무엇입니까?

これは何ですか。
고레와 난데스까

~ですか ~입니까

저것은 책상입니까?

あれは机ですか。
아레와 쓰꾸에데스까

~ですか로 물을 경우 의문부호(?)를 붙이지 않는다

당신은 일본인입니까?

あなたは日本人ですか。
아나따와 니혼진데스까

말해볼까요?

A: **それは何^{なん}ですか。**
소레와 난데스까

B: **どれですか。**
도레데스까

A: **これです。**
고레데스

B: **これは切手^{きって}です。**
고레와 깃떼데스

A: 그것은 무엇입니까?

B: 어느 것입니까?

A: 이것입니다.

B: 이것은 우표입니다.

학습포인트!

は는 우리말의 '~은(는)'에 해당하는 조사로 본래의 발음은 'ha(하)'이지만 조사로 쓰일 때는 'wa(와)'로 발음하므로 주의해야 합니다. 또한 ~です는 우리말의 '~입니다'에 해당하는 말로 명사나 명사에 준하는 말에 접속하여 정중한 단정을 나타냅니다. ~ですか는 의문이나 질문을 나타내는 종조사 か가 접속된 형태로 우리말의 '~입니까'에 해당합니다.

~ではありません

~이(가) 아닙니다

  녹음을 듣고 소리내어 읽어볼까요?

이것은 스마트폰이 아닙니다.

これはスマホではありません。

고레와 스마호데와 아리마셍

スマホは スマートホン의 줄임말

그것은 노트북이 아닙니다.

それはノートブックではありません。

소레와 노-토북쿠데와 아리마셍

~です ~입니다

이것은 나이프가 아닙니다.

これはナイフじゃありません。

고레와 나이후쟈 아리마셍

~ではありません은 줄여서 ~じゃありません으로 말한다

이것은 텔레비전이 아닙니까?

これはテレビではありませんか。

고레와 테레비데와 아리마셍까

의문이나 질문을 나타내는 종조사 か를 접속하면 의문문이 된다

저것은 버스가 아닙니까?

あれはバスではありませんか。

아레와 바스데와 아리마셍까

이것은 전자계산기가 아닙니까?

これは電卓じゃありませんか。

고레와 덴타꾸쟈 아리마셍까

말해볼까요?

A: それはボールペンですか。
소레와 보-루펜데스까

B: はい、これはボールペンです。
하이, 고레와 보-루펜데스

A: あれはタクシーですか。
아레와 타쿠시-데스까

B: いいえ、あれはタクシーではありません。
이-에, 아레와 타쿠시-데와 아리마셍

A: 그것은 볼펜입니까?

B: 네, 이것은 볼펜입니다.

A: 저것은 택시입니까?

B: 아니오, 저것은 택시가 아닙니다.

 학습포인트!

~ではありません은 정중한 단정을 나타내는 ~です(~입니다)의 부정형으로 우리말의 '~이(가) 아닙니다'에 해당합니다. 그러나 회화에서는 では를 じゃ로 줄여서 ~じゃありません으로 많이 쓰입니다. では의 は는 조사이므로 '데와'로 발음합니다. ~ではありませんか는 의문이나 질문을 나타내는 종조사 か가 접속된 형태로 우리말의 '~이 아닙니까'에 해당합니다.

~の~/~のです

~의 / ~의 것입니다

 녹음을 듣고 소리내어 읽어볼까요?

이것은 내 볼펜입니다

これはわたしのボールペンです。

고레와 와따시노 보-루펜데스

の는 명사와 명사를 연결하는 조사로 '~의' 뜻이다

당신 우산은 어느 것입니까?

あなたの傘はどれですか。

아나따노 카사와 도레데스까

*우리말에서는 '~의'가 생략되는 경우가 많지만

저것은 누구 모자입니까?

あれは誰の帽子ですか。

아레와 다레노 보-시데스까

일본어에서는 반드시 명사와 명사 사이에 の로 연결한다

저것은 내 가방이 아닙니다.

あれはわたしのかばんではありません。

아레와 와따시노 가반데와 아리마셍

이 책은 내 것이 아닙니다.

この本はわたしのではありません。

고노 홍와 와따시노데와 아리마셍

の는 명사 대용으로 쓰일 때는 '~의 것'이라는 뜻이 된다

그것은 내 것이고, 저것은 선생님 것입니다.

それはわたしので、あれは先生のです。

소레와 와따시노데, 아레와 센세-노데스

で는 です의 중지형으로 문장을 중지거나 열거할 때 쓰인다

(remaining icons 9,10,11,12)

말해볼까요?

A: これはあなたの眼鏡^{めがね}ですか。

고레와 아나따노 메가네데스까

B: いいえ、これはわたしの眼鏡^{めがね}ではありません。

이-에, 고레와 와따시노 메가네데와 아리마셍

A: じゃあ、誰^{だれ}のですか。

쟈-, 다레노데스까

B: これは山田^{やまだ}さんのです。

고레와 야마다상노데스

A: 이것은 당신 안경입니까?

B: 아니오, 이것은 제 안경이 아닙니다.

A: 그럼, 누구 것입니까?

B: 이것은 야마다 씨 것입니다.

학습포인트!

の는 우리말의 '~의'에 해당하는 조사입니다. '명사＋の＋명사'의 형태로 뒤의 명사가 어떤 것인지를 나타내는 역할을 합니다. 우리말의 경우는 명사와 명사 사이의 조사 '~의'가 '내(나의) 볼펜'처럼 생략되는 경우가 많으나 일본어에서는 보통 생략하지 않습니다. 또한 の는 명사에 접속하여 ~のもの(~의 것)의 뜻으로 소유를 나타내는 명사적인 용법으로도 쓰입니다.

~でした
~이었습니다

🔊 녹음을 듣고 소리내어 읽어볼까요?

어제는 선생님의 생일이었습니다.

きのうは<ruby>先生<rt>せんせい</rt></ruby>のお<ruby>誕生日<rt>たんじょうび</rt></ruby>でした。

기노-와 센세-노 오딴죠-비데시다

でした는 정중한 단정을 나타내는 です의 과거형이다

어제는 금요일이었습니다.

きのうは<ruby>金曜日<rt>きんようび</rt></ruby>でした。

기노-와 킹요-비데시다

이 빌딩은 전에는 병원이었습니다.

このビルは<ruby>前<rt>まえ</rt></ruby>は<ruby>病院<rt>びょういん</rt></ruby>でした。

고노 비루와 마에와 뵤-인데시다

ビル는 ビルディング(빌딩)의 준말

어제는 며칠이었습니까?

きのうは<ruby>何日<rt>なんにち</rt></ruby>でしたか。

기노-와 난니찌데시다까

입학식은 무슨 요일이었습니까?

<ruby>入学式<rt>にゅうがくしき</rt></ruby>は<ruby>何曜日<rt>なんようび</rt></ruby>でしたか。

뉴-가꾸시끼와 낭요-비데시다까

요시무라 씨, 어제는 쉬는 날이었습니까?

<ruby>吉村<rt>よしむら</rt></ruby>さん、きのうは<ruby>休<rt>やす</rt></ruby>みの<ruby>日<rt>ひ</rt></ruby>でしたか。

요시무라상, 기노-와 야스미노 히데시다까

말해볼까요?

A: きのうは何日<ruby>なんにち</ruby>でしたか。
기노-와 난니찌데시다까

B: きのうは14日<ruby>じゅうよっか</ruby>でした。
기노-와 쥬-욕까데시다

A: では、きのうは何曜日<ruby>なんようび</ruby>でしたか。
데와, 기노-와 낭요-비데시다까

B: 水曜日<ruby>すいようび</ruby>でした。
스이요-비데시다

A: 어제는 며칠이었습니까?

B: 어제는 14일이었습니다.

A: 그럼, 어제는 무슨 요일이었습니까?

B: 수요일이었습니다.

학습포인드!

~でした는 정중한 단정을 나타내는 ~です(~입니다)의 과거형으로 우리말의 '~이었습니다'에 해당합니다. 앞서 배운 ~ですか(~입니까), ~ではありませんか(~이 아니었습니까)처럼 ~でした에 의문이나 질문을 나타내는 종조사 か를 접속하면 '~이었습니까?'의 뜻이 됩니다. 일본어에서는 의문이나 질문을 나타낼 때 물음표(?)를 쓰지 않고 마침표(。)를 씁니다.

~ではありませんでした

Unit 05

~이(가) 아니었습니다

▶ 녹음을 듣고 소리내어 읽어볼까요?

어제는 쉬는 날이 아니었습니다. ✔ 🎧 🎧

きのうは休みの日ではありませんでした。

기노-와 야스미노 히데와 아리마센데시다

> ではありません에 でした를 붙이면 과거부정이 된다

그제는 국경일이 아니었습니다. 🎧 🎧 🎧

おとといは祝日ではありませんでした。

오토또이와 슈꾸지쯔데와 아리마센데시다

어제는 비가 오지 않았습니다. 🎧 🎧 🎧

きのうは雨じゃありませんでした。

기노-와 아메쟈 아리마센데시다

> 흔히 회화체에서 では는 줄여서 じゃ로 쓴다

당신은 샐러리맨이 아니었습니까? 🎧 🎧 🎧

あなたはサラリーマンではありませんでしたか。

아나따와 사라리-만데와 아리마센데시다까

옛날에 저기는 백화점이 아니었습니까? 🎧 🎧 🎧

昔、あそこはデパートじゃありませんでしたか。

무까시, 아소꼬와 데파-토쟈 아리마센데시다까

여기는 역이 아니었습니까? 🎧 🎧 🎧

ここは駅じゃありませんでしたか。

고꼬와 에끼쟈 아리마센데시다까

> ここ 여기 / そこ 거기 / あそこ 저기 / どこ 어디

말해볼까요?

A: 先週の金曜日は何日でしたか。

센슈-노 킹요-비와 난니찌데시다까

B: 10日でした。

도-까데시다

A: じゃ、10日はお誕生日じゃありませんでしたか。

쟈-, 도-까와 오딴죠-비쟈 아리마센데시다까

B: いいえ、わたしの誕生日は9日でした。

이-에, 와따시노 탄죠-비와 고꼬노까데시다

A: 지난 주 금요일은 며칠이었습니까?

B: 10일이었습니다.

A: 그럼, 10일은 당신 생일이 아니었습니까?

B: 아니오, 제 생일은 9일이었습니다.

학습포인트!

명사에 접속하여 정중한 단정을 나타내는 ~です(~입니다)의 부정형은 ~
ではありません(~이/가 아닙니다)입니다. 부정형 ~ではありません에 ~
です의 과거형인 ~でした(~이었습니다)를 접속하면 '~이(가) 아니었습니
다'의 뜻으로 부정과거를 나타냅니다. 회화에서는 では를 じゃ로 줄여서
쓰기도 하며, 의문이나 질문을 나타낼 때는 종조사 か를 접속하면 됩니다.

녹음을 듣고 소리내어 읽어볼까요?

사과는 테이블 위에 있습니다.

りんごはテーブルの上にあります。

링고와 테-부루노 우에니 아리마스

무생물의 존재를 나타낼 때는 あります를 쓴다

과일은 바구니 안에 있습니다.

果物はかごの中にあります。

구다모노와 카고노 나까니 아리마스

~には 장소를 나타내는 조사로 '~에'의 뜻이다

컴퓨터는 어디에 있습니까?

コンピューターはどこにありますか。

콤퓨-타-와 도꼬니 아리마스까

운동장에는 어린이들이 있습니다.

運動場には子供たちがいます。

운도-쵸-니와 코도모타찌가 이마스

~たち는 복수를 나타내는 말로 '~들'에 해당한다

우리집 정원에는 강아지가 있습니다.

うちの庭には子犬がいます。

우찌노 니와니와 코이누가 이마스

います는 생물의 존재를 나타낼 때 사용한다

방 안에는 누가 있습니까?

部屋の中には誰がいますか。

헤야노 나까니와 다레가 이마스까

~には ~에는

말해볼까요?

A: テーブルの上には何がありますか。
테-부루노 우에니와 나니가 아리마스까

B: バナナとりんごがあります。
바나나또 링고가 아리마스

A: では、部屋の中には誰がいますか。
데와, 헤야노 나까니와 다레가 이마스까

A: 弟と妹がいます。
오토-또또 이모-또가 이마스

A: 테이블 위에는 무엇이 있습니까?

B: 바나나와 사과가 있습니다.

A: 그럼, 방 안에는 누가 있습니까?

B: 남동생과 여동생이 있습니다.

학습포인트!

우리말과는 달리 일본어에서는 동작성이 없는 무생물의 존재를 나타낼 때는 あります(있습니다)를 사용하고, 동작성이 있는 사람이나 동물 등, 생물의 존재를 나타낼 때는 います(있습니다)를 쓰입니다. 여기에서 나오는 に는 우리말의 '~에'에 해당하는 조사로 어떤 사물이나 사람이 존재하는 장소를 나타낼 때 쓰이며, が는 '~이(가)'의 뜻으로 명사에 접속하여 주격을 나타냅니다.

ありません/いません
없습니다

▶ 녹음을 듣고 소리내어 읽어볼까요?

책상 위에는 아무것도 없습니다.

机の上には何もありません。
つくえ うえ なに

쓰꾸에노 우에니와 나니모 아리마셍

ありますの부정형은 ありません이다

가방 속에 수첩은 없습니다.

かばんの中に手帳はありません。
なか てちょう

가반노 나까니 데쬬-와 아리마셍

장롱 속에 바지는 없습니까?

たんすの中にズボンはありませんか。
なか

단스노 나까니 즈봉와 아리마셍까

교실 안에는 아무도 없습니다.

教室の中には誰もいません。
きょうしつ なか だれ

쿄-시쯔노 나까니와 다레모 이마셍

いますの부정형은 いません이다

개와 고양이는 어디에도 없습니다.

犬と猫はどこにもいません。
いぬ ねこ

이누또 네꼬와 도꼬니모 이마셍

~と ~와(과)

방에는 아무도 없습니까?

部屋には誰もいませんか。
へや だれ

헤야니와 다레모 이마셍까

なにも 아무 것도 / だれも 아무도 / どこにも 어디에도, 아무데도

말해볼까요?

A: **かばんがありますか。**
가방가 아리마스까

B: **いいえ、かばんはありません。**
이-에, 가방와 아리마셍

A: **木村^{き む ら}さんは?**
기무라상와

B: **木村^{き む ら}さんもいません。**
기무라삼모 이마셍

A: 가방이 있습니까?

B: 아니오, 가방은 없습니다.

A: 기무라 씨는요?

B: 기무라 씨도 없습니다.

 학습포인트!

ありません(없습니다)은 사물 또는 식물, 즉 동작성이 없는 무생물의 존재를 나타내는 あります의 부정형입니다. 반대로 いません(없습니다)은 동작성이 있는 사람이나 동물의 존재를 나타낼 때 쓰이는 います의 부정형입니다. 여기에 나오는 ~には는 존재하는 장소를 나타내는 조사 に에 조사 は(와)가 결합된 형태로 우리말의 '~에는'에 해당합니다.

ありました／いました

있었습니다

녹음을 듣고 소리내어 읽어볼까요?

쓰레기통은 의자 밑에 있었습니다.

ゴミ箱は椅子の下にありました。

고미바고와 이스노 시따니 아리마시다

ありますの 過去形は ありましたいだ

노트는 책상 위에 있었습니까?

ノートは机の上にありましたか。

노-토와 쓰꾸에노 우에니 아리마시다까

가방 속에는 무엇이 있었습니까?

かばんの中には何がありましたか。

가반노 나까니와 나니가 아리마시다까

교실 안에 나카무라 선생님이 있었습니다.

教室の中に中村先生がいました。

쿄-시쯔노 나까니 나까무라 센세-가 이마시다

いますの 過去形은 いましたい다

연못 안에는 금붕어가 있었습니까?

池の中には金魚がいましたか。

이께노 나까니와 킹교가 이마시다까

거기에는 누구와 누가 있었습니까?

あそこには誰と誰がいましたか。

아소꼬니와 다레또 다레가 이마시다까

말해볼까요?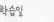

A: 木村さんは<ruby>学校<rt>がっこう</rt></ruby>にいましたか。
기무라상와 각꼬-니 이마시다까

B: はい、木村さんは<ruby>学校<rt>がっこう</rt></ruby>にいました。
하이, 기무라상와 각꼬-니 이마시다

A: <ruby>自転車<rt>じてんしゃ</rt></ruby>はどこにありましたか。
지뗸샤와 도꼬니 아리마시다까

B: <ruby>自転車<rt>じてんしゃ</rt></ruby>は<ruby>教室<rt>きょうしつ</rt></ruby>の<ruby>前<rt>まえ</rt></ruby>にありました。
지뗸샤와 쿄-시쯔노 마에니 아리마시다

A: 기무라 씨는 학교에 있었습니까?

B: 네, 기무라 씨는 학교에 있었습니다.

A: 자전거는 어디에 있었습니까?

B: 자전거는 교실 앞에 있었습니다.

 학습포인트!

ありました(없었습니다)은 사물 또는 식물, 즉 동작성이 없는 무생물의 존재를 나타내는 あります의 과형입니다. 반대로 いました(없었습니다)은 동작성이 있는 사람이나 동물의 존재를 나타낼 때 쓰이는 います의 과거형입니다. 존재를 나타내는 あります(います)의 부정형이나 과거형에 종조사 か를 접속하면 의문이나 질문을 나타냅니다.

ありませんでした/いませんでした
없었습니다

가방 안에는 아무것도 없었습니다.

かばんの中には何もありませんでした。
가반노 나까니와 나니모 아리마센데시다

ありません에 でした를 접속하면 과거부정이 된다

볼펜은 어디에도 없었습니다.

ボールペンはどこにもありませんでした。
보-루펭와 도꼬니모 아리마센데시다

거기에는 아무것도 없었습니까?

あそこには何もありませんでしたか。
아소꼬니와 나니모 아리마센데시다까

기무라 씨는 회사에도 없었습니다.

木村さんは会社にもいませんでした。
기무라상와 카이샤니모 이마센데시다

いません에 でした를 접속하면 과거부정이 된다

정원에는 고양이도 개도 없었습니다.

庭には猫も犬もいませんでした。
니와니와 네꼬모 이누모 이마센데시다

거기에는 아무도 없었습니까?

あそこには誰もいませんでしたか。
아소꼬니와 다레모 이마센데시다까

말해볼까요?

A: 吉村さんはデパートにいましたか。

요시무라상와 데파-토니 이마시다까

B: いいえ、吉村さんはデパートにはいませんでした。

이-에, 요시무라상와 데파-토니와 이마센데시다

A: 今、吉村さんはどこにいますか。

이마, 요시무라상와 도꼬니 이마스까

B: 吉村さんは電車の中にいます。

요시무라상와 덴샤노 나까니 이마스

A: 요시무라 씨는 백화점에 있었습니까?

B: 아니오, 요시무라 씨는 백화점에는 없었습니다.

A: 지금 요시무라 씨는 어디에 있습니까?

B: 요시무라 씨는 전철 안에 있습니다.

학습포인트!

ありませんでした와 いませんでした는 동작성이 없는 무생물의 존재를 나타내는 あります와 동작성이 있는 사람이나 동물의 존재를 나타내는 います의 부정형인 ありません과 いません에 ~です의 과거형인 ~でした를 접속한 형태로 '없었습니다'의 뜻인 부정과거가 됩니다. 또한 조사も는 우리말 조사 '~도'에 해당하므로 ~にも는 '~에도'의 뜻이 됩니다.

~しかありません/いません
~밖에 없습니다

 녹음을 듣고 소리내어 읽어볼까요?

배는 두 개밖에 없습니다.

りんごは二つしかありません。
링고와 후타쯔시까 아리마셍

しか는 '~밖에, 뿐'의 뜻으로 한정을 나타내는 조사이다

바구니 안에는 토마토밖에 없습니다.

かごの中にはトマトしかありません。
카고노 나까니와 토마토시까 아리마셍

바나나는 이것밖에 없었습니까?

バナナはこれしかありませんでしたか。
바나나와 고레시까 아리마셍데시다까

방에는 침대밖에 없습니다.

部屋にはベッドしかありません。
헤야니와 벳도시까 아리마셍

돈은 이것밖에 없습니까?

お金はこれしかありませんか。
오까네와 고레시까 아리마셍까

남자는 한 명밖에 없었습니다.

男の子は一人しかいませんでした。
오토꼬노 꼬와 히또리시까 이마셍데시다

ひとり(一人) 한 사람

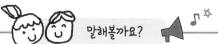

말해볼까요?

A: 冷蔵庫にトマトはたくさんありますか。
れいぞうこ

레-조-꼬니 토마토와 닥상 아리마스까

B: いいえ、全部で3個しかありません。
ぜんぶ　さんこ

이-에, 젬부데 상꼬시까 아리마셍

A: あそこに男の子も大勢いましたか。
おとこ　こ　おおぜい

아소꼬니 오토꼬노 꼬모 오-제- 이마시다까

B: いいえ、男の子は一人もいませんでした。
おとこ　こ　ひとり

이-에, 오토꼬노 꼬와 히또리모 이마센데시다

A: 냉장고에 토마토는 많이 있습니까?

B: 아니오, 전부해서 3개밖에 없습니다.

A: 거기에 남자아이도 많이 있었습니까?

B: 아니오, 남자아이는 한 명도 없었습니다.

학습포인트!

しか는 우리말 조사 '~밖에, 뿐'의 뜻으로 한정을 나타내며, 반드시 뒤에
는 ありません처럼 부정어가 옵니다. ~には(니와)는 조사 に와 は가 결
합된 형태로 우리말의 '~에는'에 해당합니다.
참고로 일본어 고유수사는 ひとつ(하나) ふたつ(둘) みっつ(셋)
よっつ(넷) いつつ(다섯) むっつ(여섯) ななつ(일곱) やっつ(여덟)
ここのつ(아홉) とお(열)까지 있습니다.

처음 시작하는
일본어 첫걸음

PART 02

형용사와 형용동사

기본형

연체형

정중형

형용사

일본어의 형용사는 활용이 있는 자립어로써 사물의 성질과 상태를 나타냅니다. 단, 우리말 형용사와는 달리 의미로 분류하지 않고, 어미의 형태로 분류하는 점이 다르며, 일본어의 형용사는 모든 어미가 い로 끝납니다.

赤い 빨갛다　　**寒い** 춥다

易しい 쉽다　　**明るい** 밝다

▶ 기본형

어미가 い로 끝나는 형용사는 그 자체로 문장을 끝맺기도 합니다. 또한 뒤의 명사를 수식할 때도 어미 い의 기본형 상태를 취합니다. 즉, 우리말에서는 어미가 '~하다'가 '~한'으로 변하여 뒤의 명사를 수식하지만, 일본어에서는 어미 변화가 없습니다.

日本語はとても易しい。 일본어는 매우 쉽다.

とても易しい日本語です。 매우 쉬운 일본어입니다.

▶ 정중형

형용사의 기본형은 보통체로 '~하다'의 뜻이지만, 기본형에 ~です를 접속하면 '~합니다'의 뜻으로 상태를 정중하게 표현합니다. 질문을 할 때는 질문을 나타내는 か를 접속하면 됩니다.

日本語は易しいです。 일본어는 쉽습니다.

日本語は易しくありません。
일본어는 쉽지 않습니다.

日本語は易しくありませんでした。
일본어는 쉽지 않았습니다.

日本語は易しくて、英語は難しいです。
일본어는 쉽고, 영어는 어렵습니다.

형용동사

일본어의 형용사는 형태상 기본형의 어미가 い인 경우와 だ인 경우가 있습니다. 어미가 だ인 경우는 형용동사로 앞서 배운 형용사와 어미의 형태가 다를 뿐 상태를 나타내는 점에 있어서는 동일합니다. 단, 형용동사는 명사적인 성질이 강하며, 우리말의 '명사＋하다'와 마찬가지로 상태를 나타낼 경우에는 대부분 일본어의 형용동사에 해당합니다.

静かだ 조용하다　　　綺麗だ 깨끗하다, 예쁘다

真面目だ 성실하다　　有名だ 유명하다

▶ 기본형과 연체형

어미가 だ로 끝나는 형용동사는 그 자체로 문장을 끝맺기도 합니다. 그러나 뒤의 명사를 수식할 때 앞서 배운 형용사에서는 어미 변화가 없었지만, 형용동사는 어미 だ가 な로 바뀝니다.

この公園はとても静かだ。 이 공원은 매우 조용하다.

とても静かな公園ですね。 매우 조용한 공원이군요.

▶ 정중형

형용동사의 기본형은 보통체로 '~하다'의 뜻이지만, 기본형에 です를 접속하면 '~합니다'의 뜻으로 상태를 정중하게 나타냅니다. 질문을 할 때는 종조사 か를 접속하면 됩니다.

この公園は静かです。 이 공원은 조용합니다.

この公園は静かではありません。
이 공원은 조용하지 않습니다.

この公園は静かでした。
이 공원은 조용했습니다.

この公園は静かではありませんでした。
이 공원은 조용하지 않았습니다.

この公園は静かで、交通も便利です。
이 공원은 조용하고, 교통도 편합니다.

(형용사)~いです
~합니다

▶ 녹음을 듣고 소리내어 읽어볼까요?

여기 겨울은 무척 춥다.

ここの冬はとても寒い。
고꼬노 후유와 도떼모 사무이

일본어 형용사의 기본형 어미는 い이다

저 빌딩은 높습니다.

あのビルは高いです。
아노 비루와 다까이데스

형용사의 기본형에 です를 접속하면 정중한 표현이 된다

비행기는 매우 빠릅니다.

飛行機はとても速いです。
히코-끼와 도떼모 하야이데스

↔ 遅(おそ)い 늦다

저 가방은 무겁습니까?

あのかばんは重いですか。
아노 카방와 오모이데스까

ですか를 접속하면 의문문이 된다

당신 회사는 가깝습니까?

あなたの会社は近いですか。
아나따노 카이샤와 치까이데스까

↔ 遠(とお)い 멀다

저 선글라스는 쌉니까?

あのサングラスは安いですか。
아노 상구라스와 야스이데스까

↔ 高(たか)い (값이) 비싸다

말해볼까요?

A: **あれはどこの車<ruby>車<rt>くるま</rt></ruby>ですか。**
아레와 도꼬노 구루마데스까

B: **あれはアメリカのです。**
아레와 아메리카노데스

A: **高<ruby>高<rt>たか</rt></ruby>いですか。**
다까이데스까

B: **はい、少<ruby>少<rt>すこ</rt></ruby>し高<ruby>高<rt>たか</rt></ruby>いです。**
하이, 스꼬시 다까이데스

A: 저것은 어디 차입니까?

B: 저것은 미국 차입니다.

A: 비쌉니까?

B: 네, 좀 비쌉니다.

학습포인트!

우리말 형용사는 의미로 분류하지만, 일본어 형용사는 어미의 형태(-い)로 분류합니다. 기본형의 어미는 い이며, 형용사를 정중하게 표현하고자할 때는 기본형에 앞서 배운 정중한 단정을 나타내는 です를 접속하면 '~합니다'의 뜻이 됩니다. 우리말에서는 어미의 형태가 변하여 '~ㅂ니다'로 정중체가 되지만 일본어에서는 기본형의 어미 い에 です만 접속하면 됩니다.

Unit 02 (형용사)~い + 명사
~한 것(명사)

녹음을 듣고 소리내어 읽어볼까요?

이것은 새 구두입니다.

これは新しい靴です。

고레와 아따라시- 구쯔데스

형용사가 뒤의 명사를 수식할 때는 기본형 상태를 취한다

당신 우산은 빨간 것입니까?

あなたの傘は赤いのですか。

아나따노 카사와 아까이노데스까

白(しろ)い 하얗다 / 黒(くろ)い 검다 / 黄色(きいろ)い 노랗다

내 것은 파란 모자가 아닙니다.

わたしのは青い帽子ではありません。

와따시노와 아오이 보-시데와 아리마셍

그것은 재미있는 만화입니까?

それは面白い漫画ですか。

소레와 오모시로이 망가데스까

↔ つまらない 재미없다, 시시하다

당신 연필은 긴 것입니까?

あなたの鉛筆は長いのですか。

아나따노 엠피쯔와 나가이노데스까

↔ 短(みじか)い 짧다

그 빨간 장미는 얼마입니까?

その赤いバラはいくらですか。

소노 아까이 바라와 이꾸라데스까

말해볼까요?

A: そのタオルは新^{あたら}しいですか。

소노 타오루와 아따라시-데스까

B: どのタオルですか。

도노 타오루데스까

A: この白^{しろ}いタオルです。

고노 시로이 타오루데스

A: その白^{しろ}いタオルは新^{あたら}しいです。

소노 시로이 타오루와 아따라시-데스

A: 그 타월은 새 것입니까?

B: 어느 타월입니까?

A: 이 흰 타월입니다.

B: 그 흰 타월은 새 것입니다.

 학습포인트!

우리말에서는 형용사가 뒤의 명사를 수식할 때 '재미있다 + 책'이 '재미있는 책'처럼 어미 '~하다'가 '~한'으로 바뀌지만 일본어에서는 형용사가 뒤의 명사를 꾸밀 때는 'おもしろい(재미있다)+本(책)'처럼 어미 변화가 없이 기본형 상태로 쓰입니다. 참고로 조사 の는 앞에 언급한 명사가 반복될 때 명사 대용으로도 쓰이며, 이때는 '것'으로 해석합니다.

(형용사)~くありません

~하지 않습니다

 녹음을 듣고 소리내어 읽어볼까요?

이 과자는 맛있지 않습니다.

このお菓子はおいしくありません。

고노 오까시와 오이시꾸 아리마셍

형용사-いです의 부정형은 형용사-くありません이다

올 여름은 덥지 않습니다.

今年の夏は暑くありません。

고또시노 나쯔와 아쯔꾸 아리마셍

↔ 寒(さむ)い 춥다

일본어는 그다지 어렵지 않습니다.

日本語はあまり難しくありません。

니홍고와 아마리 무즈까시꾸 아리마셍

あまり는 뒤에 부정어가 오면 '그다지, 별로'의 뜻이 된다

이 수학 문제는 쉽지 않습니다.

この数学の問題は易しくありません。

고노 스-가꾸노 몬다이와 야사시꾸 아리마셍

이 텔레비전은 비싸지 않습니까?

このテレビは高くありませんか。

고노 테레비와 다카꾸 아리마셍까

高い 높다, (값이) 비싸다, (키가) 크다

당신 나라의 겨울은 춥지 않습니까?

あなたの国の冬は寒くありませんか。

아나따노 쿠니노 후유와 사무꾸 아리마셍까

말해볼까요?

A: このイチゴのケーキは甘いですか。
고노 이찌고노 케-키와 아마이데스까

B: いいえ、このイチゴのケーキは甘くありません。
이-에, 고노 이찌고노 케-키와 아마꾸 아리마셍

A: じゃあ、あのケーキは高いですか。
쟈-, 아노 케-키와 다까이데스까

B: いいえ、あのケーキはあまり高くありません。
이-에, 아노 케-키와 아마리 다카꾸 아리마셍

A: 이 딸기 케이크는 답니까?

B: 아니오, 이 딸기 케이크는 달지 않습니다.

A: 그럼, 저 케이크는 비쌉니까?

B: 아니오, 저 케이크는
그다지 비싸지 않습니다.

학습포인트!

형용사 어미 い를 く로 바꾸고 부정어인 ありません을 접속하면 '~하지 않습니다'의 뜻으로 정중하게 부정하는 표현이 됩니다. 이 때 ありません은 존재의 부정(없습니다)이 아니라 상태의 부정으로 '아닙니다'가 되며, ~くありません은 형용사를 정중하게 표현하는 ~いです의 부정표현입니다. 참고로 あまり는 뒤에 부정어가 오면 '그다지, 별로'의 뜻을 나타냅니다.

(형용사)~くは[も]ありません

~하지는[도] 않습니다

이 맥주는 차갑지는 않습니다.

このビールは冷<ruby>冷<rt>つめ</rt></ruby>たくはありません。

고노 비-루와 쓰메따꾸와 아리마셍

~くはありません ~하지는 않습니다(강조)

저 백화점은 크지는 않습니다.

あのデパートは大<ruby>大<rt>おお</rt></ruby>きくはありません。

아노 데파-토와 오-키꾸와 아리마셍

↔ 小(ちい)さい 작다

내 차는 새롭지는 않습니다.

わたしの車<ruby>車<rt>くるま</rt></ruby>は新<ruby>新<rt>あたら</rt></ruby>しくはありません。

와따시노 구루마와 아따라시꾸와 아리마셍

↔ 古(ふる)い 낡다, 오래되다

그 빌딩은 그다지 높지는 않습니까?

あのビルはあまり高<ruby>高<rt>たか</rt></ruby>くはありませんか。

아노 비루와 아마리 다카꾸와 아리마셍까

↔ 低(ひく)い 낮다

이 약은 달지도 쓰지도 않습니다.

この薬<ruby>薬<rt>くすり</rt></ruby>は甘<ruby>甘<rt>あま</rt></ruby>くも苦<ruby>苦<rt>にが</rt></ruby>くもありません。

고노 구스리와 아마꾸모 니가꾸모 아리마셍

~くもありません ~하지도 않습니다(강조, 열거)

이 옷은 싸지도 비싸지도 않습니다.

この洋服<ruby>洋服<rt>ようふく</rt></ruby>は安<ruby>安<rt>やす</rt></ruby>くも高<ruby>高<rt>たか</rt></ruby>くもありません。

고노 요-후꾸와 야스꾸모 다카꾸모 아리마셍

洋服 ↔ 和服(わふく) 일본 전통옷

A: 日本語は難しいですか。

にほんご むずか

니홍고와 무즈까시-데스까

B: いいえ、あまり難しくはありません。

むずか

이-에, 아마리 무즈까시꾸와 아리마셍

A: 韓国語はどうですか。

かんこくご

캉코꾸고와 도-데스까

B: 韓国語は易しくも難しくもありません。

かんこくご やさ むずか

캉코꾸고와 야사시꾸모 무즈까시꾸모 아리마셍

A: 일본어는 어렵습니까?

B: 아니오, 그다지 어렵지는 않습니다.

A: 한국어는 어떻습니까?

B: 한국어는 쉽지도 어렵지도 않습니다.

학습포인트!

형용사의 부정을 강조할 때는 조사 は(와)를 부정어 앞에 삽입합니다. 즉, ~くはありません은 우리말의 '~하지는 않습니다'의 뜻이 됩니다. 또한 두 가지 이상의 상태를 부정할 때는 조사 も를 부정어 앞에 삽입한 ~くも ありません은 '~하지도 않습니다'의 뜻이 됩니다. 형용사의 정중한 표현의 경우도 종조사 か를 접속하면 상태의 의문이나 질문을 나타냅니다.

(형용사)~くありませんでした
~하지 않았습니다

▶ 녹음을 듣고 소리내어 읽어볼까요?

올 여름은 덥지 않았습니다. ✓ ? ?

今年の夏は暑くありませんでした。
고또시노 나쯔와 아쯔꾸 아리마센데시다

형용사-くありません에 でした를 접속하면 부정과거가 된다

그 영화는 재미있지 않았습니다. ? ? ?

あの映画は面白くありませんでした。
아노 에-가와 오모시로꾸 아리마센데시다

그 케이크는 그다지 맛있지 않았습니다. ? ? ?

あのケーキはあまりおいしくありませんでした。
아노 케-키와 아마리 오이시꾸 아리마센데시다

그 택시는 빠르지는 않았습니까? ? ? ?

あのタクシーは速くはありませんでしたか。
아노 타쿠시-와 하야꾸와 아리마센데시다까

수학 문제는 그다지 어렵지는 않았습니다. ? ? ?

数学の問題はあまり難しくはありませんでした。
스-가꾸노 몬다이와 아마리 무즈까시꾸와 아리마센데시다

이번 시험은 그다지 쉽지 않았습니까? ? ? ?

今度の試験はあまり易しくありませんでしたか。
곤도노 시껭와 아마리 야사시꾸 아리마센데시다까

말해볼까요?

A: 英語のテストはいつでしたか。
　　에-고노 테스토와 이쯔데시다까

B: 先週の金曜日でした。
　　센슈-노 킹요-비데시다

A: 試験はどうでしたか。
　　시껭와 도-데시다까

B: あまり難しくはありませんでした。
　　아마리 무즈까시꾸와 아리마센데시다

A: 영어 시험은 언제였습니까?

B: 지난주 금요일이었습니다.

A: 시험은 어땠습니까?

B: 별로 어렵지는 않았습니다.

 학습포인트!

형용사의 기본형에 접속되어 정중한 단정을 나타내는 ~いです의 부정표
현은 ~くありません입니다. 여기에 ~です의 과거형인 ~でした를 접속
하면 '~하지 않았습니다'의 뜻으로 부정과거를 나타냅니다. 또한 강조를
나타내는 조사 は나 나열을 나타내는 も를 접속하면 '~하지는(도) 않았습
니다'의 뜻이 되며, 의문이나 질문을 나타낼 때는 종조사 か를 접속하면
됩니다.

Unit 06

(형용동사)~です

~합니다

▶ 녹음을 듣고 소리내어 읽어볼까요?

이 생선은 신선합니다.

この魚は新鮮です。

고노 사까나와 신센데스

성질이나 상태 등을 나타내는 명사는 대부분 일본어에서 형용동사이다

여기 공기는 상쾌합니다.

ここの空気は爽やかです。

고꼬노 쿠-끼와 사와야까데스

형용동사의 어간에 です를 접속하면 정중한 표현이 된다

그 레스토랑 사람들은 친절합니다.

あのレストランの人たちは親切です。

아노 레스토란노 히또타찌와 신세쯔데스

↔ 不親切(ふしんせつ) 불친절

여기는 교통이 편리합니까?

ここは交通が便利ですか。

고꼬와 코-쯔-가 벤리데스까

↔ 不便(ふべん) 불편

이 백화점은 유명합니까?

このデパートは有名ですか。

고노 데파-토와 유-메-데스까

이 주택가는 조용합니까?

この住宅街は静かですか。

고노 쥬-따꾸가이와 시즈까데스까

↔ うるさい 시끄럽다

56

말해볼까요?

A: この公園は静かですか。
고노 코-엥와 시즈까데스까

B: はい、いつも静かです。
하이, 이쯔모 시즈까데스

A: あのお寺は日本で有名ですか。
아노 오떼라와 니혼데 유-메-데스까

B: はい、日本でいちばん有名です。
하이, 니혼데 이찌방 유-메-데스

A: 이 공원은 조용합니까?

B: 네, 항상 조용합니다.

A: 저 절은 일본에서 유명합니까?

B: 네, 일본에서 가장 유명합니다.

학습포인드!

일본어 형용사는 형태상 기본형 어미가 い인 경우와 だ인 경우가 있습니다. 어미가 だ인 경우는 형용동사로 앞서 배운 형용사와 어미의 형태가 다를 뿐 상태나 성질을 나타내는 점에 있어서는 동일합니다. 단, 형용동사는 명사적인 성질이 강하며, 우리말의 '명사+하다'의 경우 상태를 나타내는 경우는 대부분 일본어의 형용동사에 해당한다고 볼 수 있습니다.

(형용동사)~な + 명사

~한 것(명사)

▶ 녹음을 듣고 소리내어 읽어볼까요?

상당히 깨끗한 공원이군요.

なかなかきれいな公園ですね。
<small>こうえん</small>

나까나까 기레-나 코-엔데스네

형용동사가 뒤의 명사를 수식할 때는 ~な의 형태를 취한다

상당히 친절한 분이시군요.

なかなか親切な方ですね。
<small>しんせつ　かた</small>

나까나까 신세쯔나 카따데스네

*ね는 문장 끝에 가벼운 감동을 나타내거나,

좋아하는 요리는 무엇입니까?

お好きな料理は何ですか。
<small>す　りょうり　なん</small>

오스끼나 료-리와 난데스까

상대에게 동의를 구하거나, 다짐하는 데 쓰인다 / ~요, ~군요, ~로군

잘하는 스포츠는 무엇입니까?

得意なスポーツは何ですか。
<small>とくい　なん</small>

도꾸이나 스포-츠와 난데스까

상당히 조용한 아파트이군요.

なかなか静かなアパートですね。
<small>しず</small>

나까나까 시즈까나 아파-토데스네

교통이 편리한 곳에 있습니다.

交通が便利な所にあります。
<small>こうつう　べんり　ところ</small>

코-쯔-가 벤리나 도꼬로니 아리마스

A: **あのレストランは親切^{しんせつ}ですか。**
아노 레스토랑와 신세쯔데스까

B: **はい、とても親切^{しんせつ}です。**
하이, 도떼모 신세쯔데스

A: **交通^{こうつう}も便利^{べんり}ですか。**
코-쯔-모 벤리데스까

B: **はい、交通^{こうつう}もなかなか便利^{べんり}なレストランです。**
하이, 코-쯔-모 나까나까 벤리나 레스토란데스

A: 저 레스토랑은 친절합니까?

B: 네, 매우 친절합니다.

A: 교통도 편합니까?

B: 네, 교통도 상당히 편한 레스토랑입니다.

학습포인트!

형용동사의 뒤의 명사를 수식할 때는 어미 だ가 な로 바뀝니다. 즉, 형용사에서는 기본형 상태로 뒤의 명사를 수식하지만, 형용동사의 경우는 '~な＋명사'의 형태를 취합니다. 참고로 형용동사는 명사적인 성질이 강하여 명사술어의 ~だ(です)와 동일합니다. 단, 명사가 이어질 때는 명사술어는 の이지만 형용동사의 경우는 な의 형태를 취하는 점에서만 다릅니다.

Unit 08

(형용동사)~ではありません

~하지 않습니다

▶ 녹음을 듣고 소리내어 읽어볼까요?

이 레스토랑은 조용하지 않습니다. ✔ ⑦ ⑦

このレストランは静かではありません。

고노 레스토랑와 시즈까데와 아리마셍

고기요리는 좋아하지 않습니다. ⑦ ⑦ ⑦

肉料理は好きじゃありません。

니꾸료-리와 스끼쟈 아리마셍

회화체에서는 ~ではありません은 ~じゃありません으로 줄여 쓴다

저 학생은 착실하지 않습니다. ⑦ ⑦ ⑦

あの学生は真面目ではありません。

아노 각세-와 마지메데와 아리마셍

↔ 不真面目(ふまじめ) 불성실함

저 가수는 유명하지 않습니까? ⑦ ⑦ ⑦

あの歌手は有名ではありませんか。

아노 카슈와 유-메-데와 아리마셍까

이 스웨터는 화려하지 않습니까? ⑦ ⑦ ⑦

このセーターは派手じゃありませんか。

고노 세-타-와 하데쟈 아리마셍까

↔ 地味(じみ) 수수함

그 사람은 그다지 친절하지 않습니까? ⑦ ⑦ ⑦

あの人はあまり親切じゃありませんか。

아노 히또와 아마리 신세쯔쟈 아리마셍까

말해볼까요?

A: このきれいなセーターは誰^{だれ}のですか。

고노 기레-나 세-타-와 다레노데스까

B: 木村^{きむら}さんのです。

기무라산노데스

A: きれいですが、ちょっと派手^{はで}ではありませんか。

기레-데스가, 촛또 하데데와 아리마셍까

B: ええ。ちょっとね。

에-. 촛또네

A: 이 예쁜 스웨터는 누구 것입니까?

B: 기무라 씨 것입니다.

A: 예쁘지만, 좀 화려하지 않습니까?

B: 예, 좀 그러네요.

학습포인트!

형용동사의 정중형은 어미 だ를 정중한 뜻을 나타내는 です로 바꾸면 됩니다. 부정표현은 단정을 나타내는 ~です의 부정표현인 ~ではありません과 동일합니다. 마찬가지로 회화에서는 줄여서 ~じゃありません으로 표현합니다. 일본어 형용동사를 정중하게 표현하고자 할 때는 앞서 배운 정중한 단정을 나타내는 です와 동일하게 활용을 합니다.

Unit 09

(형용동사)~でした
~했습니다

녹음을 듣고 소리내어 읽어볼까요?

시골 할머니는 건강했습니다.

田舎の祖母は元気でした。
いなか そぼ げんき

이나까노 소보와 겡끼데시다

祖父(そふ) 할아버지

거기는 교통이 불편했습니다.

あそこは交通が不便でした。
こうつう ふ べん

아소꼬와 코-쯔-가 후벤데시다

です의 과거형은 でした이다

나카무라 선생님은 친절했습니다.

中村先生は親切でした。
なかむらせんせい しんせつ

나까무라 센-세-와 신세-쯔데시다

기무라 씨 아파트는 깨끗했습니까?

木村さんのアパートはきれいでしたか。
き むら

기무라산노 아파-토와 기레-데시다까

그 주택가는 조용했습니까?

あの住宅街は静かでしたか。
じゅうたくがい しず

아노 쥬-따꾸가이와 시즈까데시다까

은행까지의 교통은 편리했습니까?

銀行までの交通は便利でしたか。
ぎんこう こうつう べん り

깅꼬-마데노 코-쯔-와 벤리데시다까

~までの ~까지의

말해볼까요?

A: 吉村さんの部屋は静かでしたか。
요시무라산노 헤야와 시즈까데시다까

B: はい、とても静かでした。
하이, 도떼모 시즈까데시다

A: 部屋はきれいでしたか。
헤야와 기레-데시다까

B: はい、なかなかきれいでした。
하이, 나까나까 기레-데시다

A: 요시무라 씨 방은 조용했습니까?

B: 네, 매우 조용했습니다.

A: 방은 깨끗했습니까?

B: 네, 상당히 깨끗했습니다.

학습포인트!

명사에서 단정을 나타내는 ~です와 마찬가지로 형용동사의 정중표현인 ~です의 과거형도 ~でした가 됩니다. 즉, 형용동사의 어간에 ~でした를 접속하면 '~했습니다'의 뜻이 됩니다. 이처럼 일본어 형용동사는 명사에 접속하여 단정을 나타내는 ~です와 동일하게 활용을 하지만, 뒤의 명사를 수식하는 경우에만 다르며, 질문이나 의문을 나타낼 때는 か를 접속합니다.

(형용동사)~ではありませんでした
~하지 않았습니다

▶ 녹음을 듣고 소리내어 읽어볼까요?

미술관은 조용하지 않았습니다.

美術館は静かではありませんでした。
びじゅつかん　しず

비쥬-쓰깡와 시즈까데와 아리마센데시다

형용동사-ではありません에 でした를 접속하면 부정과거가 된다

저 연예인은 그다지 유명하지 않았습니다.

あの芸能人はあまり有名ではありませんでした。
げいのうじん　　　　　　　　ゆうめい

아노 게-노-징와 아마리 유-메-데와 아리마센데시다

그 사람은 친절하지 않았습니다.

あの人は親切じゃありませんでした。
ひと　しんせつ

아노 히또와 신세쯔쟈 아리마센데시다

~では는 회화에서는 흔히 じゃ로 줄여서 말한다

그 상가는 붐비지 않았습니까?

あの商店街は賑やかではありませんでしたか。
しょうてんがい　にぎ

아노 쇼-뗑가이와 니기야까데와 아리마센데시다까

옛날에 이 공원은 깨끗하지 않았습니까?

昔、この公園はきれいじゃありませんでしたか。
むかし　　　こうえん

무까시, 고노 코-엥와 기레-쟈 아리마센데시다까

역까지의 교통은 편리하지 않았습니까?

駅までの交通は便利じゃありませんでしたか。
えき　　　こうつう　べんり

에끼마데노 코-쯔-와 벤리쟈 아리마센데시다까

말해볼까요?

A: あれは高いコートでしたか。
아레와 다까이 코-토데시다까

B: いいえ、高いコートではありませんでした。
이-에, 다까이 코-토데와 아리마센데시다

A: 派手でしたか。
하데데시다까

B: いいえ、派手ではありませんでした。地味でした。
이-에, 하데데와 아리마센데시다. 지미데시다

A: 그건 비싼 코트였습니까?

B: 아니오, 비싼 코트가 아니었습니다.

A: 화려했습니까?

B: 아니오, 화려하지 않았습니다.
수수했습니다.

학습포인트!

형용동사의 정중한 부정형인 ~ではありません(~하지 않습니다)의 경우
도 부정과거를 나타낼 때는 ~でした를 접속한 ~ではありませんでした
(~하지 않았습니다)로 표현합니다. 회화에서는 줄여서 ~じゃありません
でした로도 쓰이며, 두 가지 이상의 상태를 부정할 때는 조사 も를 접속
한 ~でも~でもありません(~하지도 ~하지도 않습니다)로 표현할 수 있
습니다.

처음 시작하는
일본어 첫걸음

PART **03**

동사의 종류와 활용

기본형

정중형

기초 일본어 문법

일본어 동사는 단독으로 술어가 되고, 사물의 동작이나 상태, 작용, 존재를 나타내며, 어미가 다른 말에 접속할 때 활용을 합니다. 그 특징을 보면 다음과 같습니다.

1. 일본어 동사는 우리말과 달리 의미로 분류하지 않고, 어미의 형태로 분류합니다.

2. 모든 동사의 어미는 う단으로 끝나며 9가지(うくぐすつぬぶむる)가 있습니다.

3. 모든 동사가 규칙적으로 정격활용을 하고, 불규칙적으로 활용하는 변격동사는 2가지(くる 오다, する 하다) 뿐입니다.

1 동사의 종류

(1) 5단동사

5단동사는 어미가 う く ぐ す つ ぬ ぶ む る로 모두 9가지입니다.

泣^なく 울다	泳^{およ}ぐ 헤엄치다	話^{はな}す 이야기하다
買^かう 사다	待^まつ 기다리다	ある 있다
死^しぬ 죽다	読^よむ 읽다	遊^{あそ}ぶ 놀다

(2) 1단동사

1단동사는 어미가 위의 5단동사와는 달리 る 하나뿐이며, 어미 바로 앞의 음절이 い단과 え단에 속한 것을 말합니다.

▶ る 바로 앞 음절이 い단에 속한 동사

見^みる 보다	起^おきる 일어나다	いる 있다
生^いきる 살다	似^にる 닮다	落^おちる 떨어지다

▶ る 바로 앞 음절이 え단에 속한 동사

出^でる 나오다	開^あける 열다	寝^ねる 잠자다
食^たべる 먹다	閉^しめる 닫다	分^わける 나누다

(3) 변격동사

앞서 본 5단동사나 1단동사처럼 정격활용을 하지 않고 변격동사 활용을 하는 동사는 아래 두 개뿐
입니다.

来る 오다   **する** 하다

2 동사의 활용

▶ 기본형

동사는 그 자체로 문장을 끝맺기도 하고, 뒤의 명사를 수식할 때도 기본형 상태를 취합니다. 우리말에
서는 뒤에 명사가 오면 동사의 어미가 변하지만 일본어에서는 기본형 상태를 취합니다.

学校へ行く。 학교에 가다.   **学校へ行く日** 학교에 가는 날

▶ 정중형

동사의 기본형은 보통체로 '~하다'의 뜻이지만, **ます**를 접속하면 '~합니다'의 뜻으로 동작이나 작용을
정중하게 표현합니다. 또한, 질문을 할 때는 종조사 **か**를 접속하면 됩니다.

기본형	의 미	부정형	의 미
行(い)く	가다	行きます	갑니다
泳(およ)ぐ	헤엄치다	泳ぎます	헤엄칩니다
待(ま)つ	기다리다	待ちます	기다립니다
乗(の)る	타다	乗ります	탑니다
言(い)う	말하다	言います	말합니다
読(よ)む	읽다	読みます	읽습니다
飛(と)ぶ	날다	飛びます	납니다
死(し)ぬ	죽다	死にます	죽습니다
話(はな)す	이야기하다	話します	이야기합니다
食(た)べる	먹다	食べます	먹습니다
来(く)る	오다	きます	옵니다
する	하다	します	합니다

Unit 01

(5단동사)~き・ぎ・します

~합니다

▶ 녹음을 듣고 소리내어 읽어볼까요?

라디오 뉴스를 듣습니다.

ラジオのニュースを聞きます。

라지오노 뉴-스오 기끼마스

~を ~을(를) / 聞く 듣다

도서관에서 리포트를 씁니다.

図書館でレポートを書きます。

도쇼깐데 레포-토오 가끼마스

동사-ます ~합니다, ~하겠습니다(의지) / 書く 쓰다

여름에는 바다에서 헤엄칩니다.

夏は海で泳ぎます。

나쯔와 우미데 오요기마스

泳ぐ 헤엄치다

겉옷을 벗겠습니까?

上着を脱ぎますか。

우와기오 누기마스까

脱ぐ 벗다

친구에게 그림엽서를 부칩니다.

友達に絵葉書を出します。

도모다찌니 에하가끼오 다시마스

出す 내다, 부치다

당신은 일본어로 말합니까?

あなたは日本語で話しますか。

아나따와 니홍고데 하나시마스까

話す 이야기하다

70

말해볼까요?

A: このバスはどこへ行きますか。

고노 바스와 도꼬에 이끼마스까

B: このバスは動物園へ行きます。

고노 바스와 도-부쯔엥에 이끼마스

A: あの電車も動物園へ行きますか。

아노 덴샤모 도-부쯔엥에 이끼마스까

B: はい、あの電車も動物園へ行きます

하이, 아노 덴샤모 도-부쯔엥에 이끼마스

A: 이 버스는 어디에 갑니까?

B: 이 버스는 동물원에 갑니다.

A: 저 전철도 동물원에 갑니까?

B: 네, 저 전철도 동물원에 갑니다.

학습포인트!

일본어 동사의 기본형 어미는 う단으로 끝나며, 9가지의 형태로 く ぐ う つ る ぬ ぶ む す 가 있습니다. 동사의 종류는 어미의 형태에 따라 5단동사, 상1단동사, 하1단동사, 변격동사로 구분하는데 기본형 어미의 형태가 く ぐ う つ ぬ ぶ む す 인 경우는 무조건 5단동사이며, 여기서 어미가 く ぐ す인 5단동사에 ます가 접속할 때는 어미가 い단(き ぎ し)으로 변합니다.

(5단동사)~い・ち・ります
~합니다

 녹음을 듣고 소리내어 읽어볼까요?

일본어 노래를 부릅니다.

日本語の歌を歌います。
니홍고노 우따오 우따이마스

歌を歌う 노래를 부르다

자신의 의견을 말합니다.

自分の意見を言います。
지분노 이껭오 이이마스

言う 말하다

키보드를 칩니다.

キーボードを打ちます。
키-보-도오 우찌마스

打つ 치다

당신은 어디에서 기다리겠습니까?

あなたはどこで待ちますか。
아나따와 도꼬데 마찌마스까

待つ 기다리다

내 책은 가방 속에 있습니다.

わたしの本はかばんの中にあります。
와따시노 홍와 가반노 나까니 아리마스

ある 있다

회사까지 버스를 탑니다.

会社までバスに乗ります。
카이샤마데 바스니 노리마스

~に乗る ~을 타다

말해볼까요?

A: 会社までバスに乗ります。あなたは?

카이샤마데 바스니 노리마스. 아나따와

B: わたしは電車に乗ります。

와따시와 덴샤니 노리마스

A: あなたの会社は遠いですか。

아나따노 카이샤와 도-이데스까

B: いいえ、あまり遠くありません。

이-에, 아마리 도-꾸 아리마셍

A: 회사까지 버스를 탑니다. 당신은요?

B: 저는 전철을 탑니다.

A: 당신 회사는 멉니까?

B: 아니오, 그다지 멀지 않습니다.

학습포인트!

일본어 동사의 기본형 어미는 う단으로 끝나며, 기본형 어미의 형태가 く ぐ う つ ぬ ぶ む す인 경우는 무조건 5단동사입니다. 5단동사 중 어미 가 う つ る인 5단동사에 ます가 접속할 때는 어미가 い단(い ち り)으로 변합니다. ます는 です와 마찬가지로 정중한 뜻을 나타내며, 동사에 접속 하여 우리말의 '~ㅂ니다'의 뜻을 나타냅니다. 질문할 때는 종조사 か를 접 속합니다.

(5단동사)~に・み・びます
~합니다

녹음을 듣고 소리내어 읽어볼까요?

사람은 언젠가는 죽습니다.

人はいつかは死にます。
히또와 이쯔까와 시니마스

いつか 언젠가 / 死ぬ 죽다

매일 아침 신문을 읽습니다.

毎朝、新聞を読みます。
마이아사, 심붕오 요미마스

読む 읽다

당신은 술을 마십니까?

あなたはお酒を飲みますか。
아나따와 오사께오 노미마스까

飲む 마시다

오늘은 회사를 쉽니까?

今日は会社を休みますか。
쿄-와 카이샤오 야스미마스까

休む 쉬다

어머니가 어린이를 부릅니다.

お母さんが子供を呼びます。
오까-상가 고도모오 요비마스

~が ~이(가) / 呼ぶ 부르다

새가 하늘을 납니다.

鳥が空を飛びます。
도리가 소라오 도비마스

飛ぶ 날다

말해볼까요?

A: いらっしゃいませ。
이랏샤이마세

A: 何を飲みますか。
나니오 노미마스까

B: わたしはコーヒー。あなたは?
와따시와 코-히-. 아나따와

A: わたしも。それからケーキもお願いします。
와따시모. 소레까라 케-키모 오네가이시마스

A: 어서 오십시오.

B: 무엇을 마실래요?

A: 나는 커피. 당신은요?

B: 나도. 그리고 케이크도 부탁해요.

 학습포인트!

일본어 동사의 기본형 어미는 う단으로 끝나며, 기본형 어미의 형태가 く ぐ う つ ぬ ぶ む す인 경우는 무조건 5단동사입니다. 어미가 ぬ む ぶ 인 5단동사에 ます가 접속할 때는 어미가 い단(に み び)으로 변합니다. ます는 단정을 나타내는 です와 마찬가지로 정중체입니다. 또한 を는 우리말의 '~을(를)'의 해당하는 조사로 동작의 목적을 나타냅니다.

Unit 04

(1단동사)~ます
~합니다

▶ 녹음을 듣고 소리내어 읽어볼까요?

오늘은 새 옷을 입습니다.

今日は新しい洋服を着ます。

쿄-와 아따라시- 요-후꾸오 기마스

着る 입다

당신은 몇 시에 일어납니까?

あなたは何時に起きますか。

아나따와 난지니 오끼마스까

~に ~에(시간) / 起きる 일어나다

당신은 텔레비전 드라마를 봅니까?

あなたはテレビのドラマを見ますか。

아나따와 테레비노 도라마오 미마스까

見る 보다

당신은 밤늦게 잡니까?

あなたは夜遅く寝ますか。

아나따와 요루오소꾸 네마스까

寝る 자다

아침에는 빵을 먹습니다.

朝はパンを食べます。

아사와 팡오 다베마스

食べる 먹다

그는 학교에서 영어를 가르칩니다.

彼は学校で英語を教えます。

카레와 각꼬-데 에-고오 오시에마스

~で ~에서(동작이 행해지는 장소) / 教える 가르치다

말해볼까요?

A: あなたは朝何時に起きますか。
아나따와 아사 난지니 오끼마스까

B: わたしは朝７時に起きます。
와따시와 아사 시찌지니 오끼마스

A: テレビのニュースも見ますか。
테레비노 뉴-스모 미마스까

B: はい、毎朝ニュースを見ます。
하이, 마이아사 뉴-스오 미마스

A: 당신은 아침 몇 시에 일어납니까?

B: 저는 아침 7시에 일어납니다.

A: 텔레비전 뉴스도 봅니까?

B: 네, 매일 아침 뉴스를 봅니다.

 학습포인트!

어미가 る로 끝나는 1단동사(어미 る 바로 앞 음절이 い단이나 え단에 속한 것)에 정중한 뜻을 나타내는 ます가 접속할 때는 어미 る가 탈락됩니다. 5단동사의 る는 ます가 접속할 때 り로 변하지만 1단동사의 경우는 る만 떼면 됩니다. 여기서 조사 に는 때를 나타내며 우리말의 '~에'에, 조사 で는 동작이 행해지는 장소를 나타내며 우리말의 '~에서'에 해당합니다.

Unit 05

(변격·예외동사)~ます

~합니다

▶ 녹음을 듣고 소리내어 읽어볼까요?

오늘은 일본에서 기무라 씨가 옵니다.

今日は日本から木村さんが来ます。

쿄-와 니홍까라 기무라상가 기마스

~から ~에서(부터) / 来(く)る 오다

내일은 누가 옵니까?

あしたは誰が来ますか。

아시따와 다레가 기마스까

나는 매일 공부를 합니다.

わたしは毎日勉強をします。

와따시와 마이니찌 벵꾜-오 시마스

する 하다

누구와 골프를 합니다.

誰とゴルフをしますか。

다레또 고루후오 시마스까

당신은 몇 시에 집에 돌아옵니까?

あなたは何時に家に帰りますか。

아나따와 난지니 이에니 가에리마스까

家に 집에(방향) / 형태상 하1단동사인 5단동사; 帰る 돌아오(가)다

곧 전철이 들어옵니다.

間もなく電車が入ります。

마모나꾸 덴샤가 하이리마스

형태상 상1단동사인 5단동사; 入る 들어오(가)다

말해볼까요?

A: あす、<ruby>誰<rt>だれ</rt></ruby>か<ruby>来<rt>き</rt></ruby>ますか。

아스, 다레까 기마스까

B: はい、<ruby>日本<rt>に ほん</rt></ruby>から<ruby>木村<rt>き むら</rt></ruby>さんが<ruby>来<rt>き</rt></ruby>ます。

하이, 니홍까라 기무라상가 기마스

A: <ruby>木村<rt>き むら</rt></ruby>さんとゴルフもしますか。

기무라산또 고루후모 시마스까

B: はい、ゴルフをします。

하이, 고루후오 시마스

A: 내일, 누군가 옵니까?

B: 네, 일본에서 기무라 씨가 옵니다.

A: 기무라 씨와 골프도 합니까?

B: 네, 골프를 합니다.

학습포인트!

어미에 다른 활용어가 접속할 때 정격동사는 어간이 변하지 않지만, 변격 동사인 くる(오다)와 する(하다)에 ます가 접속할 때는 어미 る가 탈락되고 어간이 き し로 변합니다. 이처럼 각기 접속하는 말에 따라 어간과 어미가 다르게 변하므로 그때그때 암기해 두어야 합니다. 조사 が는 동작의 주체를 나타낼 때 쓰이는 조사로 우리말의 '~이(가)'에 해당합니다.

Unit 06 (5단동사)~き・ぎ・しません
~하지 않습니다

▶ 녹음을 듣고 소리내어 읽어볼까요?

그는 라디오 뉴스를 듣지 않습니다.

彼はラジオのニュースを聞きません。

카레와 라지오노 뉴-스오 기끼마셍

-ます의 부정형은 -ません이다 / 聞く → 聞きます

오늘은 도서관에서 리포트를 쓰지 않습니다.

今日は図書館でレポートを書きません。

쿄-와 도쇼깐데 레포-토오 가끼마셍

-ません ~하지 않습니다, ~하지 않겠습니다(의지) / 書く → 書きます

여름에는 바다에서 헤엄치지 않습니다.

夏は海で泳ぎません。

나쯔와 우미데 오요기마셍

泳ぐ → 泳ぎます

겉옷을 벗지 않겠습니까?

上着を脱ぎませんか。

우와기오 누기마셍까

脱ぐ → 脱ぎます

친구에게 그림엽서를 부치지 않습니다.

友達に絵葉書を出しません。

도모다찌니 에하가끼오 다시마셍

出す → 出します

당신은 일본어로 말하지 않습니까?

あなたは日本語で話しませんか。

아나따와 니홍고데 하나시마셍까

~で ~으로(수단) / 話す → 話します

말해볼까요?

A: あなたはラジオを聞_ききますか。

아나따와 라지오오 기끼마스까

B: いいえ、ラジオは聞きません。

이-에, 라지오와 기끼마셍

A: では、音楽も聞きませんか。

데와, 옹가꾸모 기끼마셍까

B: いいえ、スマートホンで音楽を聞きます。

이-에, 스마-토혼데 옹가꾸오 기끼마스

A: 당신은 라디오를 듣습니까?

B: 아니오, 라디오는 듣지 않습니다.

A: 그럼, 음악도 듣지 않습니까?

B: 아니오, 스마트폰으로 음악을 듣습니다.

 학습포인트!

기본형 어미의 형태가 く ぐ う つ ぬ ぶ む す인 경우는 무조건 5단동사입니다. 여기서 어미가 く ぐ す인 5단동사에 ます의 부정형인 ません이 접속할 때는 어미가 い단(き ぎ し)으로 변하며 '~하지 않습니다'의 뜻을 나타냅니다. へ는 방향을 나타낼 때 쓰이는 조사로 우리말의 '~에(으로)'에 해당하며, へ가 조사로 쓰일 때는 '헤'가 아니라 '에'로 발음해야 합니다.

(5단동사)~い・ち・りません

~하지 않습니다

 녹음을 듣고 소리내어 읽어볼까요?

일본어 노래를 부르지 않습니다.

日本語の歌を歌いません。

니홍고노 우따오 우따이마셍

歌う → 歌います

백화점에서는 아무 것도 사지 않습니까?

デパートでは何も買いませんか。

데파-토데와 나니모 가이마셍까

~では ~에서는 / 買う → 買います

키보드를 치지 않습니다.

キーボードを打ちません。

키-보-도오 우찌마셍

打つ → 打ちます

나는 역전에서 기다리지 않겠습니다.

わたしは駅前で待ちません。

와따시와 에끼마에데 마찌마셍

待つ → 待ちます

내 책은 가방 속에 없습니다.

わたしの本はかばんの中にありません。

와따시노 홍와 가반노 나까니 아리마셍

ある → あります

회사까지 버스를 타지 않습니다.

会社までバスに乗りません。

카이샤마데 바스니 노리마셍

~まで ~까지 / 乗る → 乗ります

말해볼까요?

A: この日本語の意味が分かりますか。
고노 니홍고노 이미가 와까리마스까

B: いいえ、全然分かりません。
이-에, 젠젱 와까리마셍

A: 日本語の歌も歌いますか。
니홍고노 우따모 우따이마스까

B: いいえ、日本語の歌は歌いません。
이-에, 니홍고노 우따와 우따이마셍

A: 이 노래의 일본어 뜻을 알겠습니까?

B: 아니오, 전혀 모르겠습니다.

A: 일본어 노래도 부릅니까?

B: 아니오, 일본어 노래는 부르지 않습니다.

학습포인트!

동사의 기본형 어미는 う단으로 끝나며, 기본형 어미의 형태가 く ぐ う つ ぬ ぶ む す인 경우는 무조건 5단동사입니다. 5단동사 중 어미가 う つ る인 5단동사에 ます의 부정형인 ません이 접속할 때는 어미가 い단(い ち り)으로 변하며 '~하지 않습니다'의 뜻을 나타냅니다. '~을 타다'라고 할 때는 조사 を를 쓰지 않고 타는 것의 대상물 뒤에 ~に乗る로 표현합니다.

Unit 08

(5단동사)~に·み·びません

~하지 않습니다

▶ 녹음을 듣고 소리내어 읽어볼까요?

저 고목은 좀처럼 죽지 않습니다.

あの枯木はなかなか死にません。

아노 코보꾸와 나까나까 시니마셍

> ぬ로 끝나는 동사는 死ぬ밖에 없다 / 死ぬ → 死にます

매일 아침 신문을 읽지 않습니다.

毎朝、新聞を読みません。

마이아사, 심붕오 요미마셍

> 読む → 読みます

당신은 술을 마시지 않습니까?

あなたはお酒を飲みませんか。

아나따와 오사께오 노미마셍까

> 飲む → 飲みます

내일 회사는 쉬지 않습니까?

あした会社は休みませんか。

아시따 카이샤와 야스미마셍까

> 休む → 休みます

어머니가 아이와 놀지 않습니다.

お母さんが子供と遊びません。

오까-상가 고도모또 아소비마셍

> 遊ぶ → 遊びます

저 새는 하늘을 날지 않습니다.

あの鳥は空を飛びません。

아노 토리와 소라오 도비마셍

> 飛ぶ → 飛びます

말해볼까요?

A: 今日はなかなか暑いですね。

쿄-와 나까나가 아쯔이데스네

B: ええ、きのうより暑いですね。

에-, 기노우요리 아쯔이데스네

A: 冷たいコーラを飲みませんか。

쓰메따이 코-라오 노미마셍까

B: いいえ、わたしは熱いコーヒーを飲みます。

이-에, 와따시와 아쯔이 코-히-오 노미마스

A: 오늘은 상당히 덥군요.

B: 예, 어제보다 덥군요.

A: 차가운 콜라를 마시지 않겠습니까?

B: 아니오, 저는 뜨거운 커피를 마시겠습니다.

 학습포인트!

5단동사 중 어미의 형태가 ぬ む ぶ인 경우에 정중한 뜻을 나타내는 ます의 부정형 ません이 접속할 때도 어미가 い단(に み び)으로 변하여 '~하지 않습니다'의 뜻을 나타냅니다. 일본어 동사에 접속하는 ます는 '~합니다'의 뜻 이외에 '~하겠습니다' 뜻으로 동작의 의지를 나타내기도 합니다. ません도 마찬가지로 '~하지 않겠습니다'의 뜻을 나타내기도 합니다.

일본어

(1단동사)~ません

~하지 않습니다

▶ 녹음을 듣고 소리내어 읽어볼까요?

오늘은 새 옷을 입지 않습니다.

今日は新しい洋服を着ません。

쿄-와 아따라시- 요-후꾸오 기마셍

着る → 着ます

당신은 아침 일찍 일어나지 않습니까?

あなたは朝早く起きませんか。

아나따와 아사하야꾸 오끼마셍까

起きる → 起きます

당신은 텔레비전 드라마를 보지 않습니까?

あなたはテレビのドラマを見ませんか。

아나따와 테레비노 도라마오 미마셍까

見る → 見ます

당신은 밤늦게까지 자지 않습니까?

あなたは夜遅くまで寝ませんか。

아나따와 요루오소꾸마데 네마셍까

寝る → 寝ます

아침에는 빵을 먹지 않습니다.

朝はパンを食べません。

아사와 팡오 다베마셍

食べる → 食べます

그는 학교에서 영어를 가르치지 않습니다.

彼は学校で英語を教えません。

카레와 각꼬-데 에-고오 오시에마셍

教える → 教えます

말해볼까요?

A: あなたは朝早く起きますか。
아나따와 아사하야꾸 오끼마스까

B: いいえ、朝早く起きません。8時に起きます。
이-에, 아사하야구 오끼마셍. 하찌지니 오끼마스

A: 朝は何も食べませんか。
아사와 나니모 다베마셍까

B: いいえ、ミルクとパンを食べます。
이-에, 미루쿠또 팡오 다베마스

A: 당신은 아침 일찍 일어납니까?

B: 아니오, 아침 일찍 일어나지 않습니다. 8시에 일어납니다.

A: 아침은 아무 것도 먹지 않습니까?

B: 아니오, 우유와 빵을 먹습니다.

 학습포인트!

어미가 る로 끝나는 1단동사(어미 る 바로 앞 음절이 い단이나 え단에 속한 것)에 ます의 부정형 ません이 접속할 때도 어미 る가 탈락되어 '~하지 않습니다' 또는 '~하지 않겠습니다'의 뜻을 나타냅니다. 여기서 朝早く(아침 일찍)나 夜遅く(밤늦게)처럼 형용사 早い(이르다)와 遅い(늦다)가 부사적으로 쓰일 때는 형용사 어미 い가 く로 바뀝니다.

Unit 10

(변격·예외동사)~ません
~하지 않습니다

▶ 녹음을 듣고 소리내어 읽어볼까요?

일본에서 기무라 씨는 오지 않습니다.

日本から木村さんは来ません。
にほん　　きむら　　き

니홍까라 기무라상와 기마셍

くる → きます

내일은 누군가 오지 않습니까?

あしたは誰か来ませんか。
だれ　き

아시따와 다레까 기마셍까

誰かの か는 불확실한 추측을 나타낸다

나는 매일 공부를 하지 않습니다.

わたしは毎日勉強をしません。
まいにちべんきょう

와따시와 마이니찌 벵꾜-오 시마셍

する → します

오늘은 골프를 하지 않습니까?

今日はゴルフをしませんか。
きょう

쿄-와 고루후오 시마셍까

오늘은 집에 돌아가지 않습니까?

今日は家に帰りませんか。
きょう　　いえ　　かえ

쿄-와 이에니 가에리마셍까

帰る → 帰ります

나는 그 클럽에 들어가지 않겠습니다.

わたしはあのクラブに入りません。
はい

와따시와 아노 쿠라부니 하이리마셍

入る → 入ります

88

말해볼까요?

A: 今日、誰が来ますか。
코-, 다레가 기마스까

B: 木村さんが来ます。
기무라상가 기마스

A: 田中さんも来ますか。
다나까삼모 기마스까

B: いいえ、田中さんは来ません。
이-에, 다나까상와 기마셍

A: 오늘 누가 옵니까?

B: 기무라 씨가 옵니다.

A: 다나카 씨도 옵니까?

B: 아니오, 다나카 씨는 오지 않습니다.

 학습포인트!

어미에 다른 활용어가 접속할 때 정격동사는 어간이 변하지 않지만, 변격 동사인 くる(오다)와 する(하다)에 ます의 부정형인 ません이 접속할 때 도 어미 る가 탈락되고 어간이 き し로 변하여 '오지 않습니다'와 '하지 않 습니다'의 뜻으로 부정을 나타냅니다. 이처럼 각기 접속하는 말에 따라 어 간과 어미가 다르게 변하므로 그때그때 암기해 두어야 합니다.

Unit 11

(5단동사)~き·ぎ·しました

~했습니다

🔊 녹음을 듣고 소리내어 읽어볼까요?

라디오 뉴스를 들었습니다.

ラジオのニュースを聞きました。

라지오노 뉴-스오 기끼마시다

聞く → 聞きます

도서관에서 리포트를 썼습니다.

図書館でレポートを書きました。

도쇼깐데 레포-토오 가끼마시다

書く → 書きます

여름에는 바다에서 헤엄쳤습니다.

夏は海で泳ぎました。

나쯔와 우미데 오요기마시다

泳ぐ → 泳ぎます

방 안에서 겉옷을 벗었습니까?

部屋の中で上着を脱ぎましたか。

헤야노 나까데 우와기오 누기마시다까

脱ぐ → 脱ぎます

친구에게 그림엽서를 부쳤습니다.

友達に絵葉書を出しました。

도모다찌니 에하가끼오 다시마시다

出す → 出します

당신은 일본어로 말했습니까?

あなたは日本語で話しましたか。

아나따와 니홍고데 하나시마시다까

話す → 話します

90

말해볼까요?

A: **きのう、どこへ行<small>い</small>きましたか。**
기노-, 도꼬에 이끼마시다까

B: **京都<small>きょうと</small>と奈良<small>なら</small>へ行<small>い</small>きました。**
쿄-또또 나라에 이끼마시다

A: **何<small>なに</small>で行<small>い</small>きましたか。**
나니데 이끼마시다까

B: **新幹線<small>しんかんせん</small>で友達<small>ともだち</small>と行<small>い</small>きました。**
신깐센데 도모다찌또 이끼마시다

A: 어제 어디에 갔습니까?

B: 교토와 나라에 갔습니다.

A: 무엇으로 갔습니까?

B: 신칸셍으로 친구와 갔습니다.

 학습포인트!

기본형 어미의 형태가 く ぐ う つ ぬ ぶ む す인 경우는 무조건 5단동사로, 어미가 く ぐ す인 5단동사에 ます의 과거형인 ました가 접속할 때도 어미가 い단(き ぎ し)으로 변하며 '~했습니다'의 뜻으로 과거나 완료를 나타냅니다. 조사 で는 동작이 행해지는 장소를 나타낼 때는 '~에서'의 뜻이 되며, 수단이나 방법을 나타낼 때는 '~으로'의 뜻이 됩니다.

Unit 12

(5단동사)~い・ち・りました
~했습니다

 녹음을 듣고 소리내어 읽어볼까요?

일본어 노래를 불렀습니다.

日本語の歌を歌いました。

니홍고노 우따오 우따이마시다

歌う → 歌います

자신의 의견을 말했습니다.

自分の意見を言いました。

지분노 이껭오 이이마시다

言う → 言います

키보드를 쳤습니다.

キーボードを打ちました。

키-보-도오 우찌마시다

打つ → 打ちます

당신은 어디에서 기다렸습니까?

あなたはどこで待ちましたか。

아나따와 도꼬데 마찌마시다까

待つ → 待ちます

내 책은 가방 속에 있었습니다.

わたしの本はかばんの中にありました。

와따시노 홍와 가반노 나까니 아리마시다

ある → あります

회사까지 버스를 탔습니다.

会社までバスに乗りました。

카이샤마데 바스니 노리마시다

乗る → 乗ります

92

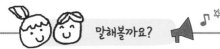

말해볼까요?

A: 今日、東京は雨が降りましたか。
쿄-, 토-꾜-와 아메가 후리마시다까

B: はい、雨が降りました。
하이, 아메가 후리마시다

A: デパートで何を買いましたか。
데파-토데 나니오 가이마시다까

B: シャツとズボンを買いました。
샤츠또 즈봉오 가이마시다

A: 오늘 도쿄는 비가 내렸습니까?

B: 네, 비가 내렸습니다.

A: 백화점에서 무엇을 샀습니까?

B: 셔츠와 바지를 샀습니다.

학습포인트!

동사의 기본형 어미는 う단으로 끝나며, 기본형 어미의 형태가 く ぐ う つ ぬ ぶ む す인 경우는 무조건 5단동사입니다. 5단동사 중 어미가 う つ る인 5단동사에 ます의 과거형인 ました가 접속할 때도 어미가 い단 (い ち り)으로 변하며 '~했습니다'의 뜻으로 과거나 완료를 나타냅니다. まで는 '~까지'의 뜻으로 から(부터)와 함께 시작과 끝을 나타냅니다.

Unit 13

(5단동사)~に・み・びました

~했습니다

▶ 녹음을 듣고 소리내어 읽어볼까요?

귀여운 개가 죽었습니다.

かわいい犬が死にました。

가와이- 이누가 시니마시다

かわいい 귀엽다 / 死ぬ → 死にます

매일 아침 신문을 읽었습니다.

毎朝、新聞を読みました。

마이아사, 심붕오 요미마시다

読む → 読みます

당신은 어제 술을 마셨습니까?

あなたはゆうべお酒を飲みましたか。

아나따와 유-베 오사께오 노미마시다까

ゆうべ 어젯밤 / 飲む → 飲みます

어제는 회사를 쉬었습니까?

きのうは会社を休みましたか。

기노-와 카이샤오 야스미마시다까

休む → 休みます

어머니가 아이를 불렀습니다.

お母さんが子供を呼びました。

오까-상가 고도모오 요비마시다

呼ぶ → 呼びます

새가 하늘을 날았습니다.

鳥が空を飛びました。

도리가 소라오 도비마시다

飛ぶ → 飛びます

A: ゆうべ、何を飲みましたか。

유-베, 나니오 노미마시다까

B: 友達と居酒屋でビールを飲みました。

도모다찌또 이자까야데 비-루오 노미마시다

A: きのう、会社を休みましたか。

기노-, 카이샤오 야스미마시다까

B: はい、会社を休みました。

하이, 카이샤오 야스미마시다

A: 어젯밤 무엇을 마셨습니까?

B: 친구와 이자카야에서 맥주를 마셨습니다.

A: 어제 회사를 쉬었습니까?

B: 네, 회사를 쉬었습니다.

학습포인트!

동사의 기본형 어미는 う단으로 끝나며, 기본형 어미의 형태가 く ぐ う つ ぬ ぶ む す인 경우는 무조건 5단동사로 그 중 어미의 형태가 ぬ む ぶ 인 경우에 정중한 뜻을 나타내는 ます의 과거형 ました가 접속할 때도 어미가 い단(に み び)으로 변하여 '~했습니다'의 뜻으로 과거나 완료를 나타냅니다. 참고로 어미가 ぬ인 동사는 死ぬ(죽다) 하나밖에 없습니다.

(1단동사)~ました

~했습니다

🔊 녹음을 듣고 소리내어 읽어볼까요?

오늘은 새 옷을 입었습니다.

今日は新しい洋服を着ました。

쿄-와 아따라시- 요-후꾸오 기마시다

着る → 着ます

당신은 몇 시에 일어났습니까?

あなたは何時に起きましたか。

아나따와 난지니 오끼마시다까

起きる → 起きます

당신은 텔레비전 드라마를 보았습니까?

あなたはテレビのドラマを見ましたか。

아나따와 테레비노 도라마오 미마시다까

見る → 見ます

당신은 밤늦게 잤습니까?

あなたは夜遅く寝ましたか。

아나따와 요루오소꾸 네마시다까

寝る → 寝ます

아침에는 빵을 먹었습니다.

朝はパンを食べました。

아사와 팡오 다베마시다

食べる → 食べます

그는 학교에서 영어를 가르쳤습니다.

彼は学校で英語を教えました。

카레와 각꼬-데 에-고오 오시에마시다

教える → 教えます

A: 今朝は何時に起きましたか。
けさ なんじ お

케사와 난지니 오끼마시다까

B: 6時に起きました。
ろくじ お

로꾸지니 오끼마시다

A: 朝ご飯は食べましたか。
あさ はん た

아사고항와 다베마시다까

B: はい、味噌汁とご飯を食べました。
み そ しる はん た

하이, 미소시루또 고항오 다베마시다

A: 오늘 아침은 몇 시에 일어났습니까?

B: 6시에 일어났습니다.

A: 아침밥은 먹었습니까?

B: 네, 된장국과 밥을 먹었습니다.

학습포인트!

어미가 る인 1단동사(어미 る 바로 앞 음절이 い단이나 え단에 속한 것)에 ます의 과거형 ました가 접속할 때도 어미 る가 탈락되어 '~했습니다'의 뜻으로 과거나 완료를 나타냅니다. る 바로 앞 음절이 い단에 속한 1단동사로는 見る(보다), 起きる(일어나다) 등이 있으며, る 바로 앞 음절이 え단에 속한 1단동사로는 寝る(자다), 食べる(먹다) 등이 있습니다.

Unit 15

(변격·예외동사)~ました
~했습니다

▶ 녹음을 듣고 소리내어 읽어볼까요?

일본에서 기무라 씨가 왔습니다.

日本から木村さんが来ました。

니홍까라 기무라상가 기마시다

くる → きます

어제 누가 왔습니까?

きのう誰が来ましたか。

기노- 다레가 기마시다까

나는 매일 공부를 했습니다.

わたしは毎日勉強をしました。

와따시와 마이니찌 벵꾜-오 시마시다

する → します

오늘은 누구와 골프를 했습니까?

今日は誰とゴルフをしましたか。

쿄-와 다레또 고루후오 시마시다까

당신은 몇 시에 집에 돌아갔습니까?

あなたは何時に家に帰りましたか。

아나따와 난지니 이에니 가에리마시다까

帰る → 帰ります

플랫폼으로 전철이 들어왔습니다.

プラットホームへ電車が入りました。

푸랏토호-무에 덴샤가 하이리마시다

~へ ~에(방향) *조사로 쓰일 때는 '에'로 발음 / 入る → 入ります

말해볼까요?

A: 木村さんはいつソウルへ来ましたか。
きむら　　　　　　　　　き
기무라상와 이쯔 서우루에 기마시다까

B: 先週の金曜日に来ました。
せんしゅう　きんようび　き
센슈-노 킹요-비니 기마시다

A: 木村さんは今もソウルにいますか。
きむら　　　いま
기무라상와 이마모 서우루니 이마스까

B: いいえ、きのう東京へ帰りました。
とうきょう　かえ
이-에, 기노- 토-꾜-에 가에리마시다

A: 기무라 씨는 언제 서울에 왔습니까?

B: 지난주 금요일에 왔습니다.

A: 기무라 씨는 지금도 서울에 있습니까?

B: 아니오, 어제 도쿄에 돌아갔습니다.

 학습포인트!

어미에 다른 활용어가 접속할 때 정격동사는 어간이 변하지 않지만, 변격동사인 くる(오다)와 する(하다)에 ます의 과거형인 ました가 접속할 때도 어미 る가 탈락되고 어간이 き し로 변하여 '왔습니다'와 '했습니다'의 뜻으로 과거를 나타냅니다. 조사 に는 존재하는 장소(~에)나 때(~에)를 나타낼 때도 쓰이지만 '~에(으로)'의 뜻으로 방향을 나타내기도 합니다.

Unit 16

(5단동사)~き・ぎ・しませんでした

~하지 않았습니다

 녹음을 듣고 소리내어 읽어볼까요?

라디오 뉴스를 듣지 않았습니다. ✔ ？ ？

ラジオのニュースを聞_ききませんでした。

라지오노 뉴-스오 기끼마센데시다

ません에 でした를 접속하면 과거부정이 된다 / 聞く → 聞きません

도서관에서 리포트를 쓰지 않았습니다. ？ ？ ？

図書館_{と しょ かん}でレポートを書_かきませんでした。

도쇼깐데 레포-토오 가끼마센데시다

書く → 書きません

여름에는 바다에서 헤엄치지 않았습니다. ？ ？ ？

夏_{なつ}は海_{うみ}で泳_{およ}ぎませんでした。

나쯔와 우미데 오요기마센데시다

泳ぐ → 泳ぎません

겉옷을 벗지 않았습니까? ？ ？ ？

上着_{うわ ぎ}を脱_ぬぎませんでしたか。

우와기오 누기마센데시다까

脱ぐ → 脱ぎません

친구에게 그림엽서를 부치지 않았습니다. ？ ？ ？

友達_{とも だち}に絵葉書_{え は がき}を出_だしませんでした。

도모다찌니 에하가끼오 다시마센데시다

出す → 出しません

당신은 일본어로 말하지 않았습니까? ？ ？ ？

あなたは日本語_{に ほん ご}で話_{はな}しませんでしたか。

아나따와 니홍고데 하나시마센데시다까

話す → 話しません

말해볼까요?

A: 地下鉄で公園へ行きましたか。
치까테쯔데 코-엥에 이끼마시다까

B: いいえ、地下鉄では公園へ行きませんでした。
이-에, 치까테쯔데와 코-엥에 이끼마센데시다

バスで公園へ行きました。あなたは?
바스데 코-엥에 이끼마시다. 아나따와

A: わたしはタクシーで行きました。
와따시와 타쿠시-데 이끼마시다

A: 지하철로 공원에 갔습니까?

B: 아니오, 지하철로는 공원에 가지 않았습니다.

　　버스로 공원에 갔습니다. 당신은요?

A: 저는 택시로 갔습니다.

학습포인트!

기본형 어미의 형태가 く ぐ う つ ぬ ぶ む す 인 경우는 무조건 5단동사로 어미가 く ぐ す 인 5단동사에 ます의 부정형인 ません에 でした가 접속한 ませんでした가 접속할 때도 어미가 い단(き ぎ し)으로 변하며 '~하지 않았습니다'의 뜻으로 부정과거를 나타냅니다. 行く(가다), 書く(쓰다), 泳ぐ(헤엄치다), 脱ぐ(벗다), 話す(이야기하다), 出す(내다)

(5단동사)~い・ち・りませんでした
~하지 않습니다

▶ 녹음을 듣고 소리내어 읽어볼까요?

일본어 노래를 부르지 않았습니다.

日本語の歌を歌いませんでした。

니홍고노 우따오 우따이마센데시다

歌う → 歌いません

백화점에서는 아무 것도 사지 않았습니까?

デパートでは何も買いませんでしたか。

데파-토데와 나니모 가이마센데시다까

買う → 買いません

키보드를 치지 않았습니다.

キーボードを打ちませんでした。

키-보-도오 우찌마센데시다

打つ → 打ちません

나는 역전에서 기다리지 않았습니다.

わたしは駅前で待ちませんでした。

와따시와 에끼마에데 마찌마센데시다

待つ → 待ちません

책은 가방 속에 없었습니다.

本はかばんの中にありませんでした。

홍와 가반노 나까니 아리마센데시다

ある → ありません

회사까지 버스를 타지 않았습니다.

会社までバスに乗りませんでした。

카이샤마데 바스니 노리마센데시다

乗る → 乗りません

말해볼까요?

A: きのう、誰か会いましたか。
기노-, 다레까 아이마시다까

B: はい、山村さんに会いました。
하이, 야마무라산니 아이마시다

A: 吉田さんも会いましたか。
요시다삼모 아이마시다까

B: いいえ、吉田さんは会いませんでした。
이-에, 요시다상와 아이마센데시다

A: 어제 누군가 만났습니까?

B: 네, 야마무라 씨를 만났습니다.

A: 요시다 씨도 만났습니까?

B: 아니오, 요시다 씨는 만나지 않았습니다.

 학습포인트!

기본형 어미의 형태가 く ぐ う つ ぬ ぶ む す인 경우는 무조건 5단동사 입니다. 어미가 う つ る인 5단동사에 ます의 부정형인 ません에 でした 가 접속한 ませんでした가 접속할 때도 어미가 い단(い ち り)으로 변하 며 '~~하지 않았습니다'의 뜻으로 부정과거를 나타냅니다. 言う(말하다), 歌う(노래하다), 待つ(기다리다), 立つ(서다), ある(있다), 乗る(타다)

Unit 18

(5단동사)~に・み・びませんでした
~하지 않았습니다

 녹음을 듣고 소리내어 읽어볼까요?

저 고목은 아직 죽지 않았습니다.

あの枯木はまだ死にませんでした。

아노 코보꾸와 마다 시니마센데시다

死ぬ → 死にません

오늘 아침에는 신문을 읽지 않았습니다.

今朝は新聞を読みませんでした。

케사와 심붕오 요미마센데시다

読む → 読みません

당신은 술을 마시지 않았습니까?

あなたはお酒を飲みませんでしたか。

아나따와 오사께오 노미마센데시다까

飲む → 飲みません

어제 회사를 쉬지 않았습니까?

きのう会社を休みませんでしたか。

기노- 카이샤오 야스미마센데시다까

休む → 休みません

어머니는 아이와 놀지 않았습니다.

お母さんは子供と遊びませんでした。

오까-상와 고도모또 아소비마센데시다

遊ぶ → 遊びません

저 새는 하늘을 날지 않았습니다.

あの鳥は空を飛びませんでした。

아노 도리와 소라오 도비마센데시다

飛ぶ → 飛びません

말해볼까요?

A: ゆうべ、お酒を飲みましたか。

유-베, 오사께오 노미마시다까

B: いいえ、一杯も飲みませんでした。

이-에, 입빠이모 노미마센데시다

A: では、コーヒーも飲みませんでしたか。

데와, 코-히-모 노미마센데시다까

B: いいえ、友達とコーヒーを飲みました。

이-에, 도모다찌또 코-히-오 노미마시다

A: 어젯밤, 술을 마셨습니까?

B: 아니오, 한 잔도 마시지 않았습니다.

A: 그럼, 커피도 마시지 않았습니까?

B: 아니오, 친구와 커피를 마셨습니다.

 학습포인트!

기본형 어미의 형태가 く ぐ う つ ぬ ぶ む す인 경우는 무조건 5단동사로 그 중 어미의 형태가 ぬ む ぶ인 경우에 정중한 뜻을 나타내는 ます의 부정형인 ません에 でした가 접속한 ませんでした가 접속할 때도 어미가 い단(に み び)으로 변하여 '~하지 않았습니다'의 뜻의 과거부정을 나타냅니다. 死ぬ(죽다), 読む(읽다), 飲む(마시다), 呼ぶ(부르다), 飛ぶ(날다)

Unit 19

(1단동사)~ませんでした

~하지 않았습니다

▶ 녹음을 듣고 소리내어 읽어볼까요?

오늘은 새 옷을 입지 않았습니다.

今日は新しい洋服を着ませんでした。

쿄-와 아따라시- 요-후꾸오 기마센데시다

着る → 着ません

당신은 아침 일찍 일어나지 않았습니까?

あなたは朝早く起きませんでしたか。

아나따와 아사하야꾸 오끼마센데시다까

起きる → 起きません

당신은 텔레비전 드라마를 보지 않았습니까?

あなたはテレビのドラマを見ませんでしたか。

아나따와 테레비노 도라마오 미마센데시다까

見る → 見ません

당신은 밤늦게까지 자지 않았습니까?

あなたは夜遅くまで寝ませんでしたか。

아나따와 요루오소꾸마데 네마센데시다까

寝る → 寝ません

아침에는 빵을 먹지 않았습니까?

朝はパンを食べませんでしたか。

아사와 팡오 다베마센데시다까

食べる → 食べません

그는 학교에서 영어를 가르치지 않았습니다.

彼は学校で英語を教えませんでした。

카레와 각꼬-데 에-고오 오시에마센데시다

教える → 教えません

106

A: あなたは朝早く起きませんでしたか。
아나따와 아사하야꾸 오끼마센데시다까

B: はい、朝9時に起きました。
하이, 아사 쿠지니 오끼마시다

A: では、朝ご飯も食べませんでしたか。
데와, 아사고함모 다베마센데시다까

B: はい、今朝は何も食べませんでした。
하이, 케사와 나니모 다베마센데시다

A: 당신은 아침 일찍 일어나지 않았습니까?

B: 네, 아침 9시에 일어났습니다.

A: 그럼, 아침밥도 먹지 않았습니까?

B: 네, 오늘 아침은
아무 것도 먹지 않았습니다.

 학습포인트!

어미가 る인 1단동사에 정중한 뜻을 나타내는 ます의 부정형인 ません에 でした가 접속한 ませんでした가 접속할 때도 어미 る가 탈락되어 '~하지 않았습니다'의 뜻으로 부정과거를 나타냅니다. る 바로 앞 음절이 い단에 속한 1단동사로는 いる(있다), 見る(보다), 起きる(일어나다), え단에 속한 1단동사로는 寝る(자다), 出る(나오다), 食べる(먹다) 등이 있습니다.

Unit 20

(변격·예외동사)~ませんでした
~하지 않았습니다

▶ 녹음을 듣고 소리내어 읽어볼까요?

일본에서 기무라 씨는 오지 않았습니다.

日本から木村さんは来ませんでした。

니홍까라 기무라상와 기마센데시다

くる → きません

오늘은 아무도 오지 않았습니까?

今日は誰も来ませんでしたか。

쿄-와 다레모 기마센데시다까

나는 매일 공부를 하지 않았습니다.

わたしは毎日勉強をしませんでした。

와따시와 마이니찌 벵꾜-오 시마센데시다

する → しません

오늘은 골프를 하지 않았습니까?

今日はゴルフをしませんでしたか。

쿄-와 고루후오 시마센데시다까

그는 오늘도 집에 오지 않았습니까?

彼は今日も家に帰りませんでしたか。

카레와 쿄-모 이에니 가에리마센데시다까

帰る → 帰りません

나는 그 클럽에 들어가지 않았습니다.

わたしはあのクラブに入りませんでした。

와따시와 아노 쿠라부니 하이리마센데시다

入る → 入りません

108

말해볼까요?

A: 今日は、何時に帰りましたか。
쿄-와, 난지니 가에리마시다까

B: 7時に帰りました。
시찌지니 가에리마시다

A: では、運動もしませんでしたか。
데와, 운도-모 시마센데시다까

B: はい、何もしませんでした。うちで休みました。
하이, 나니모 시마센데시다. 우찌데 야스미마시다

A: 오늘은 몇 시에 돌아갑니까?

B: 7시에 돌아갑니다.

A: 그럼, 운동도 하지 않았습니까?

B: 네, 아무 것도 하지 않았습니다.
집에서 쉬었습니다.

학습포인트!

변격동사인 くる(오다)와 する(하다)에 동사를 정중하게 나타내는 ます의 부정과거형인 ませんでした(~하지 않았습니다)가 접속할 때도 어미 る가 탈락되고 어간이 き し로 변하여 '오지 않았습니다'와 '하지 않았습니다'의 뜻을 나타냅니다. 入る(들어가다), 帰る(오다) 등은 はいります(들어갑니다), かえります(돌아갑니다)처럼 5단활용을 하는 동사입니다.

접속표현과 과거형

형용사 ~くて

형용동사 ~で

형용사 ~かった

형용동사 ~だった

동사의 ます형에
접속하는 표현

기초 일본어 문법

1 명사와 형용사, 형용동사의 접속표현

▶ 명사 ~で、 명사 ~です

で는 우리말의 '~이고, ~이며'에 해당하며, です의 중지형으로 성질이 다른 앞뒤의 문장을 나열해 주는 역할을 하기도 하고, 앞의 문장이 뒤의 문장의 원인이나 설명이 될 경우에도 쓰입니다.

기본형	의 미	접속형	의 미
学生(がくせい)だ	학생이다	学生で	학생이고(며)
先生(せんせい)だ	선생이다	先生で	선생이고(며)

▶ 형용사 ~くて

~くて는 형용사에 접속조사 て가 이어진 형태로 형용사의 기본형 어미 い가 く로 바뀐 것입니다. 이때 ~くて는 앞의 형용사를 뒤의 말과 연결하거나 나열, 원인, 이유를 나타내기도 합니다. 우리말 해석은 '~하고, ~하며, ~해서' 등으로 합니다.

기본형	의 미	접속형	의 미
高(たか)い	높다	高くて	높고, 높아서
大(おお)きい	크다	大きくて	크고, 커서
寒(さむ)い	춥다	寒くて	춥고, 추워서

형용사의 어미 い가 く로 바뀌어 뒤에 용언(활용어)이 이어지면 '~하게'의 뜻으로 부사적인 용법으로 쓰입니다.

▶ 형용동사 ~で

で은 형용동사의 중지형으로 기본형 어미 だ가 で로 바뀐 형태입니다. で는 문장을 중지하거나 앞의 형용동사를 뒤의 문장과 연결할 때도 쓰이며, '~하고, ~하며, ~해서'의 뜻으로 나열, 원인, 이유, 설명을 나타냅니다.

기본형	의 미	접속형	의 미
静(しず)かだ	조용하다	静かで	조용하고, 조용해서
有名(ゆうめい)だ	유명하다	有名で	유명하고, 유명해서
好(す)きだ	좋아하다	好きで	좋아하고, 좋아해서

2 형용사와 형용동사의 과거형

(1) 형용사 과거형

형용사의 과거형은 기본형의 어미 い가 かっ으로 바뀌어 과거·완료를 나타내는 た가 접속된 かった의 형태를 취합니다.

기본형	의 미	과거형	의 미
高(たか)い	높다	高かった	높았다
大(おお)きい	크다	大きかった	컸다
寒(さむ)い	춥다	寒かった	추웠다
遠(とお)い	멀다	遠かった	멀었다

▶ 형용사 ~かったです

형용사의 과거형을 정중하게 표현할 때는 과거형에 です를 접속하면 됩니다. 형용사의 기본형에 です의 과거형인 でした를 접속하여 ~いでした로 정중한 과거형을 표현하기 쉬우나 이것은 틀린 표현으로 기본형의 과거형에 です를 접속하여 ~かったです로 표현해야 합니다.

(2) 형용동사의 과거형

형용동사의 과거형은 어미 だ를 だっ으로 바꾸고 과거·완료를 나타내는 た를 접속한 だった의 형태를 취합니다.

기본형	의 미	과거형	의 미
静(しず)かだ	조용하다	静かだった	조용했다
有名(ゆうめい)だ	유명하다	有名だった	유명했다
便利(べんり)だ	편리하다	便利だった	편리했다
好(す)きだ	좋아하다	好きだった	좋아했다

▶ 명사 ~だった

정중한 단정을 나타내는 です의 과거형은 でした이지만, 형용동사의 과거형과 마찬가지로 보통체인 だ의 과거형은 だった입니다.

3 동사의 ます형에 접속하는 표현

▶ ~やすい(にくい)

やすい는 동사의 중지형, 즉 ます가 접속하는 형태에 접속하여 그러한 동작이나 작용이 '~하기 쉽다, ~하기 편하다'의 뜻을 나타내며, 반대로 にくい는 '~하기 어렵다, ~하기 힘들다'의 뜻을 나타냅니다.

기본형	의 미	~やすい/~にくい	의 미
飲(の)む	마시다	飲みやすい	마시기 편하다
書(か)く	쓰다	書きにくい	쓰기 힘들다

▶ ~に行く

동사의 중지형, 즉 ます가 접속되는 형태에 조사 に가 접속하면 '~하러'의 뜻으로 동작의 목적을 나타냅니다. 뒤에는 보통 行く(가다), 来る(오다), 帰る(돌아오다) 등 이동을 나타내는 동사가 옵니다.

기본형	의 미	~に行く	의 미
飲(の)む	마시다	飲みに行く	마시러 가다
見(み)る	보다	見に行く	보러 가다

▶ ~すぎる

동사에 ます가 접속되는 형태나 형용사와 형용동사는 어간에 すぎる가 접속되면 '너무(지나치게) ~하다'의 뜻으로 어떤 동작이나 상태가 도에 지나친 것을 나타냅니다.

기본형	의 미	~すぎる	의 미
飲(の)む	마시다	飲みすぎる	과음하다
高(たか)い	(값이) 비싸다	高すぎる	너무 비싸다
静(しず)かだ	조용하다	静かすぎる	너무 조용하다

▶ ~ながら

ながら는 동사의 중지형, 즉 ます가 이어지는 꼴에 접속하여 '~하면서'의 뜻으로 두 가지 이상의 동작이 동시에 일어남을 나타냅니다.

기본형	의 미	~ながら	의 미
飲(の)む	마시다	飲みながら	마시면서
書(か)く	쓰다	書きながら	쓰면서

▶ ~たい

たい는 ます가 접속되는 꼴에 연결되며 말하는 사람이나 상대방의 직접적인 희망을 나타내는 말로 우리말의 '~하고 싶다'에 해당합니다. 또 희망하는 대상물에는 조사 を보다 が를 쓰는 것이 일반적입니다. 또한, たい의 활용은 어미의 형태가 い이므로 형용사와 동일하게 활용합니다.

たがる는 ます가 접속되는 형태에 이어져 '~하고 싶어 하다'는 뜻으로 제3자의 희망 · 욕구를 나타내며, 활용은 5단동사와 동일합니다.

기본형	의 미	~たい	의 미
飲(の)む	마시다	飲みたい	마시고 싶다
食(た)べる	쓰다	食べたい	먹고 싶다

▶ ~に(く)なる

동사 なる는 '되다'라는 뜻으로 어떤 상태에서 다른 상태로 변하는 것을 나타내는데, 명사와 형용동사에 접속할 때는 ~になる 형태를 취합니다. 그러나 형용사에 なる가 접속할 때는 어미 い가 く로 바뀌어 '~어지다, ~게 되다'의 뜻을 나타냅니다.

기본형	의 미	~に(く)なる	의 미
医者(いしゃ)だ	의사이다	医者になる	의사가 되다
静(しず)かだ	조용하다	静かになる	조용해지다
高(たか)い	(값이) 비싸다	高くなる	(값이) 비싸지다

▶ ~に(く)する

동사 する는 어떤 동작을 '하다'라는 뜻인데, 어떤 일(것)을 선택할 때도 쓰입니다. 이때는 선택의 대상이 되는 명사 뒤에는 조사 に가 와야 합니다. 형용사의 어미 い를 く로 바꾸어 する를 접속하면 '~게 하다'의 뜻으로 의지적인 변화를 주어 어떤 상태로 바꾸다는 뜻을 나타내며, 형용동사의 경우는 명사와 마찬가지로 ~にする의 형태를 취합니다.

기본형	의 미	~に(く)する	의 미
コーヒーだ	커피다	コーヒーにする	커피로 하다
静(しず)かだ	조용하다	静かにする	조용하게 하다
高(たか)い	(값이) 비싸다	高くする	비싸게 하다

(명사)~で、~です

~이고, ~입니다

▶ 녹음을 듣고 소리내어 읽어볼까요?

이것은 라이터이고, 저것은 성냥입니다.　☑ ⑨ ⑨

これはライターで、あれはマッチです。

고레와 라이타-데, 아레와 맛치데스

で는 です의 중지형으로 문장을 중지하거나 열거한다

그것은 내 것이고, 저것은 당신 것입니다.　⑨ ⑨ ⑨

それはわたしので、あれはあなたのです。

소레와 와따시노데, 아레와 아나따노데스

저것은 김치이고, 이것은 단무지입니다.　⑨ ⑨ ⑨

あれはキムチで、これはたくわんです。

아레와 기무치데, 고레와 다꾸완데스

たくわん 단무지

이것은 노트이고, 저것은 연필입니다.　⑨ ⑨ ⑨

これはノートで、あれは鉛筆です。

고레와 노-토데, 아레와 엠피쯔데스

여기는 아파트이고, 저기는 맨션입니다.　⑨ ⑨ ⑨

ここはアパートで、あそこはマンションです。

고꼬와 아파토-데, 아소꼬와 만숀데스

나는 한국인이고, 당신은 일본인입니다.　⑨ ⑨ ⑨

わたしは韓国人で、あなたは日本人です。

와따시와 캉코꾸진데, 아나따와 니혼진데스

116

A: これはあなたの帽子ですか。
고레와 아나따노 보-시데스까

B: はい、わたしのです。
하이, 와따시노데스

A: あれもあなたの帽子ですか。
아레모 아나따노 보-시데스까

B: あれは、山田さんので、わたしのではありません。
아레와, 야마다산노데, 와따시노데와 아리마셍

A: 이것은 당신 모자입니까?

B: 네, 제 것입니다.

A: 저것도 당신 모자입니까?

B: 저것은 야마다 씨 것으로
   제 것이 아닙니다.

 학습포인트!

で는 단정을 나타내는 ~です의 중지형으로 두 개의 문장을 하나로 연결시켜 주는 역할을 합니다. 즉 で는 성질이 다른 앞뒤 문장을 나열해 주는 역할을 하기도 하고, 앞의 문장이 뒤의 문장의 원인, 또는 설명이 될 때도 있습니다. 주로 ~で、~です 형태로 쓰이며 '~이고(이며), ~입니다'의 뜻을 나타냅니다. '、'는 쉼표인 ','와 동일하며 세로쓰기에 표기합니다.

Unit 02

(형용사)~くて、~いです

~하고, ~합니다

 녹음을 듣고 소리내어 읽어볼까요?

이 방은 넓고, 저 방은 좁습니다. ✓ ? ?

この部屋は広くて、あの部屋は狭いです。

고노 헤야와 히로쿠떼, 아노 헤야와 세마이데스

형용사에 접속조사 て가 이어질 때는 くて의 형태가 된다

집은 역에서 가깝고, 회사는 멉니다. ? ? ?

家は駅から近くて、会社は遠いです。

이에와 에끼까라 치카꾸떼, 카이샤와 도-이데스

형용사에 접속조사 て가 이어지면 '~해서, ~하고, ~하며'의 뜻

그녀의 얼굴을 둥글고, 내 얼굴은 네모집니다. ? ? ?

彼女の顔は丸くて、ぼくの顔は四角いです。

카노죠노 가오와 마루쿠떼, 보꾸노 가오와 시카꾸이데스

바나나는 달고, 레몬은 십니다. ? ? ?

バナナは甘くて、レモンはすっぱいです。

바나나와 아마쿠떼, 레몽와 습빠이데스

여름은 덥고, 가을은 시원합니다. ? ? ?

夏は暑くて、秋は涼しいです。

나쯔와 아쯔꾸떼, 아끼와 스즈시-데스

寒(さむ)い 춥다 ↔ 暖(あたた)かい 따뜻하다

이 소설은 재미있고, 무척 좋습니다. ? ? ?

この小説は面白くて、とてもいいです。

고노 쇼-세쯔와 오모시로쿠떼, 도떼모 이-데스

いい, よい 좋다

말해볼까요?

A: **あのレストランはどうですか。**
아노 레스토랑와 도-데스까

B: **広くて、店の人も親切です。**
히로꾸떼, 미세노 히또모 신세쯔데스

A: **味はどうですか。**
아지와 도-데스까

B: **安くて、とてもおいしいです。**
야스꾸떼, 도떼모 오이시-데스

A: 저 레스토랑은 어때요?

B: 넓고, 가게 사람도 친절합니다.

A: 맛은 어떻습니까?

B: 싸고, 매우 맛있습니다.

 학습포인트!

형용사의 경우 접속조사 て가 이어질 때는 어미 い가 く로 바뀌어 くて의 형태가 됩니다. 접속조사 て는 두 개의 문장을 하나로 연결시켜 주는 역할을 할 뿐만 아니라, 성질이 다른 앞뒤 문장을 나열해 주는 역할을 하기도 하고, 앞의 문장이 뒤의 문장의 원인, 또는 설명이 될 때도 있습니다. 주로 ~くて、~いです 형태로 쓰이며 '~하고(하며), ~합니다'의 뜻을 나타냅니다.

(형용동사)~で、~です
~하고, ~합니다

▶ 녹음을 듣고 소리내어 읽어볼까요?

다나카 씨는 친절하고, 가토 씨는 불친절합니다.

田中さんは親切で、加藤さんは不親切です。

다나까상와 신세쯔데, 카또-상와 후신세쯔데스

이 옷은 화려하고, 저 옷은 수수합니다.

この服は派手で、あの服は地味です。

고노 후꾸와 하데데, 아노 후꾸와 지미데스

で는 형용동사의 중지형으로 문장을 중지하거나 열거한다

큰 길은 안전하고, 뒷골목은 위험합니다.

大通りは安全で、裏通りは危険です。

오-도-리와 안젠데, 우라도-리와 키껜데스

나카무라 씨는 성실하고, 요시무라 씨는 불성실합니다.

中村さんは真面目で、吉村さんは不真面目です。

나까무라상와 마지메데, 요시무라상와 후마지메데스

영어는 잘하고, 일본어는 아직 서툽니다.

英語は上手で、日本語はまだ下手です。

에-고와 죠-즈데, 니홍고와 마다 헤따데스

上手だ 능숙하다 ↔ 下手だ 서투르다

여기는 교통도 편리하고, 조용한 곳입니다.

ここは交通も便利で、静かな所です。

고꼬와 코-쯔-모 벤리데, 시즈까나 도꼬로데스

말해볼까요?

A: **あのレストランはどうですか。**

아노 레스토랑와 도-데스까

B: **親切で、味も雰囲気もいいです。**
<small>しんせつ あじ ふんいき</small>

신세쯔데, 아지모 훙이끼모 이-데스

A: **交通は便利ですか。**
<small>こうつう べんり</small>

코-쯔-와 벤리데스까

B: **はい、交通も便利で、静かです。**
<small>こうつう べんり しず</small>

하이, 코-쯔-모 벤리데, 시즈까데스

A: 저 레스토랑은 어때요?

B: 친절하고 맛도 분위기도 좋습니다.

A: 교통은 편합니까?

B: 네, 교통도 편하고 조용합니다.

 학습포인트!

형용동사에 접속하는 で는 두 개의 문장을 하나로 연결시켜 주는 역할을 합니다. 즉, 접속조사 で는 성질이 다른 앞뒤 문장을 나열해 주는 역할을 하기도 하고, 앞의 문장이 뒤의 문장의 원인, 또는 설명이 될 때도 있습니다. 주로 ~で、~です 형태로 쓰이며 '~하고(하며), ~합니다'의 뜻을 나타내며, ~で、~も ~です는 '~하고, ~도 ~합니다'의 뜻으로 나열을 나타냅니다.

Unit 04

(형용사)~かった

~했다

▶ 녹음을 듣고 소리내어 읽어볼까요?

올 겨울은 추웠다.

今年の冬はとても寒かった。

고또시노 후유와 도떼모 사무깟따

형용사의 과거형은 어미 い를 かった로 바꾼다

옛날에 저 빌딩은 여기에서 가장 높았습니다.

昔、あのビルはここでいちばん高かったです。

무까시, 아노 비루와 고꼬데 이찌반 다카깟따데스

택시는 무척 빨랐습니다.

タクシーはとても速かったです。

타쿠시-와 도떼모 하야깟따데스

형용사의 정중한 과거표현은 ~いでした라고 하지 않는다

저 가방은 무거웠습니까?

あのかばんは重かったですか。

아노 가방와 오모깟따데스까

정중하게 과거를 말할 때는 반드시 ~かったです로 표현한다

전에는 당신 회사는 집에서 멀었습니까?

前は、あなたの会社は家から遠かったですか。

마에와, 아나따노 카이샤와 이에까라 도-깟따데스까

저 선글라스 가격은 쌌습니까?

あのサングラスの値段は安かったですか。

아노 상구라스노 네당와 야스깟따데스까

말해볼까요?

A: デパートで何を買いましたか。
데파-토데 나니오 가이마시다까

B: 新型のデジカメを買いました。
싱가따노 데지카메오 가이마시다

A: 安かったですか。
야스깟따데스까

B: いいえ、安くありませんでした。
이-에, 야스꾸 아리마센데시다

A: 백화점에서 무엇을 샀습니까?

B: 신형 디지털카메라를 샀습니다.

A: 쌌습니까?

B: 아니오, 싸지는 않았습니다.

 학습포인트!

형용사의 과거형은 기본형의 어미 い가 かっ으로 바뀌어 과거나 완료를 나타내는 た가 접속된 かった의 형태를 취합니다. 형용사의 과거형을 정중하게 표현할 때는 과거형에 です를 접속하면 됩니다. 형용사의 기본형에 でした를 접속하여 ~いでした로 정중한 과거형을 표현하기 쉬우나, 반드시 과거형에 です를 접속하여 ~かったです로 표현해야 합니다.

(명사·형용동사)~だった
~이었다 / ~했다

 녹음을 듣고 소리내어 읽어볼까요?

어제는 내 생일이었다.

きのうはぼくの誕生日だった。
기노-와 보꾸노 탄죠-비닷따

정중한 단정인 です의 보통체인 だ의 과거형은 だった이다

옛날에 이 빌딩은 병원이었습니다.

昔、このビルは病院だったのです。
무까시, 고노 비루와 뵤-인닷따노데스

だった에 の(ん)です를 접속하면 정중하게 강조하는 뜻이 된다

요시무라 씨, 어제는 쉬는 날이었습니까?

吉村さん、きのうは休みの日だったんですか。
요시무라상, 기노-와 야스미노 히닷딴데스까

옛날에 여기는 교통이 불편했다.

昔、ここは交通が不便だった。
무까시, 고꼬와 코-쯔-가 후벤닷따

형용동사의 보통체 과거형도 だった이다

나카무라 선생님은 무척 친절했습니다.

中村先生はとても親切だったのです。
나까무라 센-세와 도떼모 신세쯔닷따노데스

은행까지의 교통은 편리했습니까?

銀行までの交通は便利だったんですか。
깅꼬-마데노 코-쯔-와 벤리닷딴데스까

회화에서 ~のです는 흔히 ~んです로 줄여서 말한다

말해볼까요?

A: その間、元気だったの。
소노 깡, 겡끼닷따노

B: うん、おかげで元気だったよ。
웅, 오까게데 겡끼닷따요

A: 新しい学校、きれいだった。
아따라시- 각꼬-, 기레-닷따

B: うん、とっても。
웅, 돗떼모

A: 그 동안 잘 지냈니?

B: 응, 덕분에 잘 지냈어.

A: 새 학교 깨끗했니?

B: 응, 무척.

 학습포인트!

형용동사의 과거형은 기본형의 어미 だ가 だっ으로 바뀌어 과거나 완료를 나타내는 た가 접속된 だった의 형태를 취합니다. 형용동사의 과거형을 정중하게 표현할 때는 과거형에 でした를 접속하면 됩니다. 형용동사의 だった에 です를 접속하면 강조의 뜻을 나타내며, 이 경우에는 の나 음편인 ん을 넣어 ~だったのです나 ~だったんです로 표현합니다.

(동사)~やすい
~하기 쉽다

▶ 녹음을 듣고 소리내어 읽어볼까요?

카레라이스는 간단하고 만들기 쉽다. ✔ ⑨ ⑨

カレーライスは簡単で作りやすい。

카레-라이스와 간딴데 쓰꾸리야스이

*동사의 ます가 접속되는 형태에 やすい가 접속하면

이 도구는 쓰기 편리합니다. ⑨ ⑨ ⑨

この道具は使いやすいです。

고노 도-구와 쓰까이야스이데스

'~하기 쉽다'는 뜻의 형용사가 된다

큰 화면으로 매우 보기 편합니다. ⑨ ⑨ ⑨

大画面でとても見やすいです。

다이가멘데 도떼모 미야스이데스

やすい는 형용사형 접미어로 형용사와 동일하게 활용한다

글씨가 커서 읽기 쉽습니다. ⑨ ⑨ ⑨

字が大きくて読みやすいです。

지가 오-키꾸떼 요미야스이데스

작은 글씨는 읽기 쉽지 않습니다. ⑨ ⑨ ⑨

小さい字は読みやすくありません。

치-사이 지와 요미야스꾸 아리마셍

그 고기는 무척 부드러워서 먹기 편했습니다. ⑨ ⑨ ⑨

あの肉はとても柔らかくて食べやすかったです。

아노 니꾸와 도떼모 야와라카꾸떼 다베야스깟따데스

말해볼까요?

A: この<ruby>誰<rt>だれ</rt></ruby>のですか。

고노 메모와 다레노데스까

B: <ruby>吉村<rt>よしむら</rt></ruby>さんのです。

요시무라산노데스

A: <ruby>読<rt>よ</rt></ruby>みやすくてきれいな<ruby>字<rt>じ</rt></ruby>ですね。

요미야스꾸떼 기레-나 지데스네

B: ええ、<ruby>彼<rt>かれ</rt></ruby>はボールペンの<ruby>字<rt>じ</rt></ruby>がうまいです。

에-, 카레와 보-루펜노 지가 우마이데스

A: 이 메모는 누구 것입니까?

B: 요시무라 씨 것입니다.

A: 읽기 쉽고 예쁜 글씨이군요.

B: 예, 그는 볼펜 글씨를 잘 씁니다.

 학습포인트!

접미어 やすい는 동사의 ます가 접속하는 형태에 접속하여 '~하기 쉽다, ~하기 편하다'의 뜻으로 동작이나 작용이 쉽고, 저항이 없음을 나타냅니다. やすい는 ~やすいです(~하기 쉽습니다), ~やすくありません(~하기 쉽지 않습니다), ~やすくて(~하기 쉽고), ~やすかったです(~하기 쉬웠습니다) 등과 같이 형용사처럼 활용합니다.

(동사)~にくい
~하기 어렵다

녹음을 듣고 소리내어 읽어볼까요?

질긴 고기는 먹기 힘들다.

堅い肉は食べにくい。

카따이 니꾸와 다베니꾸이

*동사의 ます가 접속되는 형태에 にくい가 접속하면

당신의 글씨는 읽기 힘들군요.

あなたの字は読みにくいですね。

아나따노 지와 요미니꾸이데스네

'~하기 어렵다, 힘들다'는 뜻의 형용사가 된다

게는 먹기 힘듭니다.

かには食べにくいです。

카니와 다베니꾸이데스

かに 게

설날 신칸센 표는 구하기 힘듭니다.

お正月の新幹線の切符は取りにくいです。

오쇼-가쯔노 싱깐센노 깁뿌와 도리니꾸이데스

이 약은 먹기 힘들지 않습니다.

この薬は飲みにくくありません。

고노 구스리와 노미니쿠꾸 아리마셍

薬を飲む 약을 먹다

질문이 어려워서 대답하기 힘들었습니다.

質問が難しくて答えにくかったです。

시쯔몽가 무즈카시꾸떼 고따에니쿠깟따데스

答える 대답하다

128

말해볼까요?

A: **あなたのかばんはどれですか。**
아나따노 가방와 도레데스까

B: **あの黒^{くろ}いのがわたしのかばんです。**
아노 쿠로이 노가 와따시노 가반데스

A: **あなたのかばんは重^{おも}いですか。**
아나따노 가방와 오모이데스까

B: **はい、重^{おも}くてなかなか持^もちにくいです。**
하이, 오모꾸떼 나까나까 모찌니꾸이데스

A: 당신 가방은 어느 것입니까?

B: 저 검정 것이 제 가방입니다.

A: 당신 가방은 무겁습니까?

B: 네, 무거워서 상당히 들기 힘듭니다.

 학습포인트!

접미어 にくい는 동사의 ます가 접속하는 형태에 접속하여 '~하기 어렵다, ~하기 힘들다'의 뜻으로 동작이나 작용이 어렵고, 저항이 있음을 나타냅니다. にくい는 ~にくいです(~하기 어렵습니다), ~にくくありません(~하기 어렵지 않습니다), ~にくくて(~하기 어렵고), ~にくかったです(~하기 어려웠습니다) 등과 같이 형용사처럼 활용합니다.

Unit 08

(동사)~に行く
~하러 가다

▶ 녹음을 듣고 소리내어 읽어볼까요?

공항에 친구를 마중하러 갑니다.

空港へ友達を迎えに行きます。
くうこう　ともだち　むか　い

쿠-꼬-에 도모다찌오 무까에니 이끼마스

*동사의 ます가 접속되는 형태에 に行く가 접속하면

오사카에는 무엇을 하러 갑니까?

大阪には何をしに行きますか。
おおさか　なに　い

오-사까니와 나니오 시니 이끼마스까

'~하러 가다'의 뜻으로 동작의 목적을 나타낸다

풀장에 수영하러 가지 않겠습니까?

プールへ泳ぎに行きませんか。
およ　い

푸-루에 오요기니 이끼마셍까

泳ぐ 헤엄치다

어제는 벌레를 잡으러 갔습니다.

きのうは虫を採りに行きました。
むし　と　い

기노-와 무시오 도리니 이끼마시다

採る 채집하다

백화점에 옷을 사러 갔습니다.

デパートへ洋服を買いに行きました。
ようふく　か　い

데파-토에 요-후꾸오 가이니 이끼마시다

買う 사다

그녀는 공원에 놀러 갔습니까?

彼女は公園へ遊びに行きましたか。
かのじょ　こうえん　あそ　い

카노죠와 코-엥에 아소비니 이끼마시다까

遊ぶ 놀다

130

말해볼까요?

A: **きのう、どこかへ行きましたか。**
기노-, 도꼬까에 이끼마시다까

B: **はい、公園へ遊びに行きました。**
하이, 코-엥에 아소비니 이끼마시다

A: **今度、東京へ行きますか。**
곤도, 토-꾜-에 이끼마스까

B: **はい、親しい友達に会いに行きます。**
하이, 시따시- 도모다찌니 아이니 이끼마스

A: 어제 어딘가에 갔습니까?

B: 네, 공원에 놀러 갔습니다.

A: 이번에 도쿄에 갑니까?

B: 네, 친한 친구를 만나러 갑니다.

 학습포인트!

ます가 접속하는 동사의 중지형에 방향을 나타내는 조사 に가 접속하면 행위나 동작의 목적을 나타냅니다. 주로 뒤에 이어지는 말은 이동을 나타내는 行く(가다), 来る(오다), 帰る(돌아가다/돌아오다), 入る(들어가다/들어오다) 등이 옵니다. 또한 동작성을 나타내는 명사 뒤에 映画に行く(영화를 보러 가다)처럼 に가 오면 마찬가지로 동작의 목적을 나타냅니다.

Unit 09

(동사)~に来る

~하러 오다

▶ 녹음을 듣고 소리내어 읽어볼까요?

공원에 조깅하러 옵니다.

公園へジョギングをしに来ます。

코-엥에 죠깅구오 시니 기마스

*동사의 ます가 접속되는 형태에 に来る가 접속하면

친구는 가끔 나한테 놀러 옵니다.

友達はたまに私のところへ遊びに来ます。

도모다찌와 타마니 와따시노 도꼬로에 아소비니 기마스

'~하러 오다'의 뜻으로 동작의 목적을 나타낸다

나는 일본에 공부를 하러 왔습니다.

わたしは日本へ勉強をしに来ました。

와따시와 니홍에 벵꾜-오 시니 기마시다

勉強 공부

나는 당신에게 사과를 하러 왔습니다.

わたしはあなたに謝りに来ました。

와따시와 아나따니 아야마리니 기마시다

謝る 사죄하다

방송국 사람이 취재하러 왔습니다.

放送局の人が取材しに来ました。

호-소-쿄꾸노 히또가 슈자이시니 기마시다

取材する 취재하다

기무라 씨는 한국에 누군가 만나러 왔습니까?

木村さんは韓国へ誰か会いに来ましたか。

기무라상와 캉코꾸에 다레까 아이니 기마시다까

말해볼까요?

학습일 　／　 □

A: 吉村さんは韓国へ来ましたか。
요시무라상와 캉코꾸에 기마시다까

B: はい、ゆうベソウルへ到着しました。
하이, 유-베 소우루에 토-짜꾸시마시다

A: 何をしに来ましたか。
나니오 시니 기마시다까

B: そうですね。誰か会いに来ました。
소-데스네, 다레까 아이니 기마시다

A: 요시무라 씨는 한국에 왔습니까?

B: 네, 어젯밤 서울에 도착했습니다.

A: 무엇을 하러 왔습니까?

B: 글쎄요. 누군가 만나러 왔습니다.

학습포인트!

ます가 접속하는 동사의 중지형에 ~に来る가 오면 '~하러 오다'의 뜻으로 행위나 동작의 목적을 나타냅니다. 이처럼 뒤에 이어지는 말은 이동을 나타내는 行く(가다), 帰る(돌아가다/돌아오다), 入る(들어가다/ 들어오다) 등이 옵니다. 또한 동작성을 나타내는 명사 뒤에 映画に来る(영화를 보러 오다)처럼 に가 오면 마찬가지로 동작의 목적을 나타냅니다.

Unit 10

(동사)~ときは[まえに]

~할 때는[전에]

 녹음을 듣고 소리내어 읽어볼까요?

당신은 일본에 갈 때 무엇을 합니까?

あなたは日本へ行く時は何をしますか。

아나따와 니홍에 이꾸 도끼와 나니오 시마스까

동사의 기본형은 그 상태로 뒤의 명사를 수식한다

커피를 마실 때는 비스킷을 먹습니다.

コーヒーを飲む時はビスケットを食べます。

코-히-오 노무 도끼와 비스켓토오 다베마스

공부할 때는 음악을 듣지 않습니다.

勉強する時は音楽を聞きません。

벵꾜-스루 도끼와 옹가꾸오 기끼마셍

聞く 듣다, 묻다

나는 자기 전에 반드시 이를 닦습니다.

わたしは寝る前にかならず歯を磨きます。

와따시와 네루 마에니 가나라즈 하오 미가끼마스

磨く 닦다

나는 식사를 하기 전에 신문을 읽습니다.

わたしは食事をする前に新聞を読みます。

와따시와 쇼꾸지오 스루 마에니 심붕오 요미마스

나는 밥을 먹기 전에 손을 씻습니다.

わたしはご飯を食べる前に手を洗います。

와따시와 고항오 다베루 마에니 데오 아라이마스

洗う 씻다

말해볼까요?

A: ご飯を食べる前に手を洗いますか。

고항오 다베루 마에니 데오 아라이마스까

B: はい、必ず手を洗います。

하이, 카나라즈 데오 아라이마스

A: ご飯を食べる時、テレビを見ますか。

고항오 다베루 도끼, 테레비오 미마스까

B: いいえ、テレビは見ません。音楽を聞きます。

이-에, 테레비와 미마셍. 옹가꾸오 기끼마스

A: 밥을 먹기 전에 손을 씻습니까?

B: 네, 반드시 손을 씻습니다.

A: 밥을 먹을 때 텔레비전을 봅니까?

B: 아니오, 텔레비전은 보지 않습니다.
　 음악을 듣습니다.

 학습포인트!

우리말에서는 '오다 + 때'가 '올 때'처럼 동사 뒤에 명사가 이어질 경우는
어미가 변하지만 일본어에서는 동사의 기본형 상태를 취합니다. 예를 들
면 来る時(올 때), 食べる人(먹는 사람), 寝る前(자기 전)처럼 동사의 어
미 형태가 변하지 않습니다. 또한 동사의 기본형은 그 자체로도 문장의 서
술을 나타내기도 합니다. 또한 동사의 기본형 뒤에 まえに가 이어지면 '~
하기 전에'의 뜻이 됩니다.

Unit 11

(동사)~すぎる

너무 ~하다

▶ 녹음을 듣고 소리내어 읽어볼까요?

어젯밤 밥을 너무 많이 먹었습니다.

ゆうべ、ご飯を食べすぎました。

유-베, 고항오 다베스기마시다

*동사의 ます가 접속되는 형태에 すぎる가 접속하면

요즘 일을 너무 많이 하는군요.

この頃、仕事をしすぎますね。

고노고로, 시고또오 시스기마스네

'너무(지나치게) ~하다'는 뜻의 상1단동사가 된다

당신은 담배를 너무 많이 피우는군요.

あなたはタバコを吸いすぎますね。

아나따와 다바꼬오 스이스기마스네

タバコを吸う 담배를 피우다

요시무라 씨는 과음합니다.

吉村さんはお酒を飲みすぎます。

요시무라상와 오사께오 노미스기마스

お酒を飲む 술을 마시다

그는 텔레비전을 너무 많이 봐요.

彼はテレビを見すぎますよ。

카레와 테레비오 미스기마스요

종조사 よ는 사물을 판단해서 주장하거나 다짐할 때에 쓴다

너무 잤습니다. 머리가 좀 아픕니다.

寝すぎました。頭が少し痛いです。

네스기마시다. 아따마가 스꼬시 이따이데스

痛い 아프다

말해볼까요? ♪☆

A: あなたは太りすぎましたね。
아나따와 후또리스기마시따네

B: ええ、少し太りました。
에-, 스꼬시 후또리마시다

A: 運動はしませんでしたか。
운도-와 시마센데시다까

B: ええ、運動はもちろん、この頃食べすぎました。
에-, 운도-와 모찌롱, 고노고로 다베스기마시다

A: 당신은 너무 살쪘군요.

B: 예, 조금 쪘습니다.

A: 운동은 하지 않았습니까?

B: 예, 운동은 물론,
　요즘 너무 많이 먹었습니다.

 학습포인트!

접미어 すぎる는 동사의 중지형, 즉 ます가 접속되는 형태(太る・太りすぎる, 見る・見すぎる, 食べる・食べすぎる, する・しすぎる 등)에 접속하여 '너무(지나치게) ~하다'의 뜻으로 정도를 넘다, 도가 지나치다라는 의미를 가진 동사를 만듭니다. 활용은 ~すぎます, ~すぎません, ~すぎました, ~すぎませんでした처럼 1단동사와 동일합니다.

(형용사·형용동사)~すぎる

너무 ~하다

녹음을 듣고 소리내어 읽어볼까요?

이 교과서는 너무 어렵습니다.

この教科書は難しすぎます。

고노 쿄-까쇼와 무즈까시스기마스

*형용사나 형용동사의 어간에 すぎる가 접속하면

사람들이 너무 많습니다.

広場には人が多すぎます。

히로바니와 히또가 오-스기마스

'너무 ~하다'는 뜻의 1단동사가 된다

이 텔레비전은 너무 비싸군요.

このテレビは高すぎますね。

고노 테레비와 다까스기마스네

사람이 많아서 너무 복잡하군요.

人が多くて賑やかすぎますね。

히또가 오-쿠떼 니기야까스기마스네

賑やかだ 붐비다

이 주택가는 너무 조용하군요.

この住宅街は静かすぎますね。

고노 쥬-타꾸가이와 시즈까스기마스네

그녀의 방은 너무 깨끗합니다.

彼女の部屋はきれいすぎます。

카노죠노 헤야와 기레-스기마스

きれいだ 깨끗하다, 예쁘다

말해볼까요?

A: **あのレストランはどうでしたか。**
아노 레스토랑와 도-데시다까

B: **人が多くて賑やかすぎました。**
히또가 오-꾸떼 니기야까스기마시다

A: **料理は多かったんですか。**
료-리와 오-깟딴데스까

B: **ええ、特にご飯が多すぎました。**
에-, 토꾸니 고항가 오-스기마시다

A: 그 레스토랑은 어땠습니까?

B: 사람이 많아서 너무 붐볐습니다.

A: 요리는 많았습니까?

B: 예, 특히 밥이 너무 많았습니다.

 학습포인트!

접미어 すぎる는 형용사의 어간에 접속(赤い·赤すぎる, 多い·多すぎる)하며, 형용동사의 경우도 어간에 접속(静かだ·静かすぎる, 賑やかだ·賑やかすぎる)하여 '너무(지나치게) ~하다'의 뜻으로 정도를 넘다, 도가 지나치다라는 의미를 가진 동사를 만듭니다. 활용은 ~すぎます, ~すぎません, ~すぎました, ~すぎませんでした처럼 1단동사와 동일합니다.

(동사)~ながら
~하면서

 녹음을 듣고 소리내어 읽어볼까요?

한눈을 팔면서 운전하는 것은 위험하다.　✔ ⑦ ⑦

よそ見をしながら運転するのは危ない。

요소미오 시나가라 운뗀스루노와 아부나이

*동사의 ます가 접속되는 형태에 ながら가 접속하면

그는 아르바이트를 하면서 대학에 다녔습니다.　⑦ ⑦ ⑦

彼はアルバイトをしながら大学に通いました。

카레와 아루바이토오 시나가라 다이가꾸니 가요이마시다

'~하면서'의 뜻으로 동시동작을 나타낸다

그는 노래를 부르면서 청소를 합니다.　⑦ ⑦ ⑦

彼は歌を歌いながら掃除をします。

카레와 우따오 우따이나가라 소-지오 시마스

掃除する 청소하다

경찰차가 사이렌을 울리면서 달립니다.　⑦ ⑦ ⑦

パトカーがサイレンを鳴らしながら走ります。

파토카-가 사이렝오 나라시나가라 하시리마스

鳴らす 울리다

개가 꼬리를 흔들면서 왔습니다.　⑦ ⑦ ⑦

犬が尾を振りながら来ました。

이누가 오오 후리나가라 기마시다

振る 흔들다

그와 커피를 마시면서 이야기했습니다.　⑦ ⑦ ⑦

彼とコーヒーを飲みながら話しました。

카레또 코-히-오 노미나가라 하나시마시다

飲む 마시다

말해볼까요?

A: 休みの日は何をしますか。
야스미노히와 나니오 시마스까

B: うちでゆっくり休みます。
우찌데 육꾸리 야스미마스

A: では、テレビも見ませんか。
데와, 테레비모 미마셍까

B: いいえ、テレビを見ながら音楽も聞きます。
이-에, 테레비오 미나가라 옹가꾸모 기끼마스

A: 휴일에는 무엇을 합니까?

B: 집에서 푹 쉽니다.

A: 그럼, 텔레비전도 보지 않습니까?

B: 아니오, 텔레비전을 보면서
　음악도 듣습니다.

학습포인트!

ながら는 동사의 중지형, 즉 ます가 이어지는 형태에 접속(聞く 듣다・聞きながら 들으면서, 歌う 노래하다・歌いながら 노래하면서, 見る 보다・見ながら 보면서, 食べる 먹다・食べながら 먹으면서, する 하다・しながら 하면서)하여 '~하면서'의 뜻으로 어떤 동작이 행해질 때 다른 동작도 동시에 행해지거나 또한 두 동작을 이어주기도 합니다.

(동사)~たい
~하고 싶다

▶ 녹음을 듣고 소리내어 읽어볼까요?

오늘은 어머니의 요리를 먹고 싶다.

今日は母の料理が食べたい。

쿄-와 하하노 료-리가 다베따이

*동사의 ます가 접속되는 형태에 たい가 접속하면

언젠가 후지산에 오르고 싶습니다.

いつか富士山に登りたいです。

이쯔까 후지산니 노보리따이데스

'~하고 싶다'의 뜻으로 말하는 사람이나 상대방의 희망을 나타낸다

당신은 지금 무엇을 하고 싶습니까?

あなたは今、何がしたいですか。

아나따와 이마, 나니가 시따이데스까

나는 차가운 물을 마시고 싶습니다.

わたしは冷たい水が飲みたいです。

와따시와 쓰메따이 미즈가 노미따이데스

*희망의 대상어 뒤에는 일반적으로 조사 が가 쓰인다

조깅은 하고 싶지 않습니까?

ジョギングはしたくありませんか。

죠깅구와 시따꾸 아리마셍까

지금은 아무 데도 가고 싶지 않습니다.

今はどこへも行きたくありません。

이마와 도꼬에모 이키따꾸 아리마셍

どこへも 어디에도

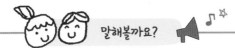 말해볼까요?

A: 木村さん、何を飲みますか。
기무라상, 나니오 노미마스까

B: 冷たいジュースが飲みたいです。
쓰메따이 쥬-스가 노미따이데스

A: 今、何がいちばんしたいですか。
이마, 나니가 이찌반 시따이데스까

B: 何もしたくありません。少し休みたいです。
나니모 시따꾸 아리마셍. 스꼬시 야스미따이데스

A: 기무라 씨, 무엇을 마시겠습니까?

B: 차가운 주스를 마시고 싶습니다.

A: 지금 무엇을 가장 하고 싶습니까?

B: 아무 것도 하고 싶지 않습니다.
   좀 쉬고 싶습니다.

학습포인트!

たい는 동사의 중지형, 즉 ます가 이어지는 형태에 접속(聞く 듣다•聞き たい 듣고 싶다, 見る 보다•見たい 보고 싶다, 食べる 먹다•食べたい 먹 고 싶다, する 하다•したい 하고 싶다)하여 '~하고 싶다'는 뜻으로 상대나 말하는 사람의 희망이나 욕구를 나타냅니다. 활용(~たいです ~하고 싶습 니다, ~たくありません ~하고 싶지 않습니다 등)은 형용사처럼 합니다.

Unit 15

(동사)~たがる

~하고 싶어 하다

▶ 녹음을 듣고 소리내어 읽어볼까요?

요시무라 씨는 오사카에 가고 싶어 했습니다.

吉村さんは大阪へ行きたがりました。

요시무라상와 오-사까에 이끼타가리마시다

*동사의 ます가 접속되는 형태에 たい가 접속하면

그녀는 머리를 자르고 싶어 했습니다.

彼女は髪を切りたがりました。

카노죠와 가미오 기리타가리마시다

'~하고 싶어 하다'의 뜻으로 제3자의 희망을 나타낸다

그는 택시를 타고 싶어합니까?

彼はタクシーに乗りたがりますか。

카레와 타쿠시-니 노리타가리마스까

~に乗る ~을 타다 *탈것의 대상어 뒤에는 조사 を를 쓰지 않는다

아내는 요리를 만들고 싶어 하지 않습니다.

家内は料理を作りたがりません。

카나이와 료-리오 쓰꾸리타가리마셍

*제3자 희망의 대상어 뒤에는 조사 を가 쓰인다

남편은 목욕을 하고 싶어 하지 않습니다.

主人はお風呂に入りたがりません。

슈징와 오후로니 하이리타가리마셍

風呂に入る 목욕을 하다

그는 채소를 먹고 싶어 하지 않습니까?

彼は野菜を食べたがりませんか。

카레와 야사이오 다베타가리마셍까

野菜 야채, 채소

144

말해볼까요?

A: 妹さんのお誕生日はいつですか。
이모-또산노 오딴죠-비와 이쯔데스까

B: 今週の土曜日です。
곤슈-노 도요-비데스

A: 何を買いたがりましたか。
나니오 가이따가리마시다까

B: 新しい時計を買いたがりました。
아따라시- 도께-오 가이따가리마시다

A: 여동생 생일은 언제입니까?

B: 이번 주 토요일입니다.

A: 무엇을 사고 싶어 했습니까?

B: 새 시계를 사고 싶어 했습니다.

 학습포인트!

たがる는 동사의 중지형, 즉 ます가 이어지는 형태에 접속(聞く 듣다·聞きたがる 듣고 싶어 하다, 見る 보다·見たがる 보고 싶어 하다, する 하다·したがる 하고 싶어 하다)하여 '~하고 싶어 하다'는 뜻으로 제3자의 희망이나 욕구를 나타냅니다. 활용(~たがります ~하고 싶어 합니다, ~たがりません ~하고 싶어 하지 않습니다 등)은 5단동사와 동일합니다.

Unit 16

~でも ~ましょう
~라도 ~합시다

▶ 녹음을 듣고 소리내어 읽어볼까요?

방 청소라도 합시다.

部屋の掃除でもしましょう。
へ や　そう じ

헤야노 소-지데모 시마쇼-

~ましょうは ~ますの 권유형으로 '~합시다'의 뜻을 나타낸다

커피라도 마십시다.

コーヒーでも飲みましょう。
の

코-히-데모 노미마쇼-

~でも ~(이)라도

밥이라도 먹을까요?

ご飯でも食べましょうか。
はん　　た

고한데모 다베마쇼-까

~ましょうか ~할까요?

다 같이 노래라도 부를까요?

みんなで歌でも歌いましょうか。
うた　　うた

민나데 우따데모 우따이마쇼-까

바다에 놀러라도 갑시다.

海へ遊びにでも行きましょう。
うみ　あそ　　　　い

우미에 아소비니데모 이끼마쇼-

遊ぶ 놀다

텔레비전 드라마라도 볼까요?

テレビのドラマでも見ましょうか。
み

테레비노 도라마데모 미마쇼-까

146

말해볼까요?

A: 今日は何をしましょうか。

쿄-와 나니오 시마쇼-까

B: レストランで外食でもしましょう。

레스토란데 가이쇼꾸데모 시마쇼-

A: どのレストランへ行きましょうか。

도노 레스토랑에 이끼마쇼-까

B: 近くのレストランでも行きましょう。

치까꾸노 레스토랑데모 이끼마쇼-

A: 오늘은 무엇을 할까요?

B: 레스토랑에서 외식이라도 합시다.

A: 어느 레스토랑에 갈까요?

B: 근처 레스토랑에라도 갑시다.

학습포인트!

ましょう는 ます의 권유형으로, 상대방의 동의를 구해서 말하는 사람이 행동을 일으키도록 제안할 때 쓰이며, 우리말의 '~합시다'에 해당합니다. 따라서 ましょう는 권유의 뜻이 되기도 하며, 말하는 사람의 의지를 나타내기도 합니다. ましょう는 강한 느낌을 주므로 손윗사람에게 가능한 쓰지 않는 것이 좋으며, 의향을 물을 때는 ましょうか의 형태로 쓰면 됩니다.

いくら ~ても[でも]

아무리 ~해도

▶ 녹음을 듣고 소리내어 읽어볼까요?

아무리 커도 이런 집에서는 살 수 없습니다.

いくら大きくても、こんな家では住めません。

이꾸라 오-키쿠떼모, 곤나 이에데와 스메마셍

아무리 맛있어도 과식하는 것은 좋지 않습니다.

いくらおいしくても、食べすぎはよくありません。

이꾸라 오이시쿠떼모, 다베스기와 요꾸 아리마셍

아무리 값이 싸도 나는 사지 않겠습니다.

いくら値段が安くても、わたしは買いません。

이꾸라 네당가 야스쿠떼모, 와따시와 가이마셍

아무리 더워도 아이스크림을 먹지 않습니다.

どんなに暑くてもアイスクリームを食べません。

돈나니 아쯔꾸떼모 아이스쿠리무오 다베마셍

どんなに 아무리

아무리 친절해도 그 가게는 가지 않습니다.

いくら親切でもあの店には行きません。

이꾸라 신세쯔데모 아노 미세니와 이끼마셍

아무리 교통이 편해도 집세가 비싸면 안됩니다.

どんなに交通が便利でも家賃が高くてはいけません。

돈나니 코-쓰가 벤리데모 야찡가 다카쿠떼와 이께마셍

148

말해볼까요?

A: あの店はどうですか。

아노 미세와 도-데스까

B: 親切で、値段も安いですよ。

신세쯔데, 네담모 야스이데스요

A: いくら親切でも、安くても、私は行きません。

이꾸라 신세쯔데모, 야스꾸떼모, 와따시와 이끼마셍

B: どうしてですか。

도-시떼데스까

A: 그 가게는 어떻습니까?

B: 친절하고 가격도 싸요.

A: 아무리 친절해도 싸도 나는 가지 않습니다.

B: 어째서입니까?

 학습포인트!

형용사의 경우 접속조사 て가 이어질 때는 어미 い가 く로 바뀌어 우리말의 '~하고, ~해서, ~하며'로 해석되며 뒤에 다른 말이 이어집니다. 여기에 조사 も를 접속하면 '~해도'의 뜻으로 역접의 확정조건이나 가정조건을 나타냅니다. 반면 형용동사의 경우는 でも의 형태가 됩니다. 그리고 いくら는 횟수의식을 나타내고, どんなに는 정도의식을 나타냅니다.

~から ~まで

~부터 ~까지

▶ 녹음을 듣고 소리내어 읽어볼까요?

어제 집에서 공원까지 사이클링을 했습니다.

きのう家から公園までサイクリングをしました。

기노- 이에까라 코-엠마데 사이쿠링구오 시마시다

서울에서 부산까지 어느 정도 걸립니까?

ソウルからブサンまでどのくらいかかりますか。

서우루까라 부삼마데 도노쿠라이 가까리마스까

かかる (시간, 돈, 거리가) 걸리다, 들다

오전 9시부터 오후 6시까지 일합니다.

午前9時から午後6時まで働きます。

고젱 쿠지까라 고고 로꾸지마데 하따라끼마스

働く 일하다

이번 달부터 다음 달까지 짬이 없습니다.

今月から来月まで暇はありません。

콩게쯔까라 라이게쯔마데 히마와 아리마셍

暇 짬, 여가

역에서 아파트까지 걸었습니다.

駅からアパートまで歩きました。

에끼까라 아파-토마데 아루끼마시다

歩く 걷다

당신은 몇 시부터 몇 시까지 공부를 합니까?

あなたは何時から何時まで勉強をしますか。

아나따와 난지까라 난지마데 벵꾜-오 시마스까

말해볼까요?

A: 家から会社まで遠いですか。
いえ　かいしゃ　　とお

이에까라 카이샤마데 도-이데스까

B: いいえ、あまり遠くありません。
　　　　　　　とお

이-에, 아마리 도-꾸 아리마셍

A: では、会社まで何で行きますか。
　　　かいしゃ　　なに　い

데와, 카이샤마데 나니데 이끼마스까

B: 毎日、バスで行きます。あなたは?
まいにち　　　　　い

마이니찌, 바스데 이끼마스. 아나따와

A: 집에서 회사까지 멉니까?

B: 아니오, 그다지 멀지 않습니다.

A: 그럼, 회사까지 무엇으로 갑니까?

B: 매일 버스로 갑니다. 당신은요?

 학습포인트!

~から ~までと 우리말의 '~에서(부터) ~까지'의 뜻으로 명사에 접속하여 장소나 공간, 시간의 범위를 나타냅니다. から는 기점을 나타내고, まで는 한계를 나타냅니다. から는 기점을 나타내는 용법 이외에 원인이나 이유를 나타내기도 합니다. 家から公園まで(집에서 공원까지), ここからあそこまで(여기서부터 저기까지), 何時から何時まで(몇 시부터 몇 시까지)

~より ~[の]ほうが~

~보다 ~(쪽)이 ~

▶ 녹음을 듣고 소리내어 읽어볼까요?

버스보다 전철로 가는 게 빨라.

バスより電車で行くほうが速いよ。

바스요리 덴샤데 이꾸 호-가 하야이요

~より ~보다(비교)

수영은 바다보다 풀장이 안전해요.

水泳は海よりプールのほうが安全ですよ。

스이에-와 우미요리 푸-루노 호-가 안젠데스요

고기요리보다 생선요리가 건강에 좋아요.

肉料理より魚料理のほうが健康にいいですよ。

니꾸료-리요리 사까나료-리노 호-가 겡꼬-니 이-데스요

버스보다 택시가 편합니다.

バスよりタクシーのほうが便利です。

바스요리 타꾸시-노 호-가 벤리데스

나는 위스키보다 맥주를 좋아합니다.

僕はウイスキーよりビールのほうが好きです。

보꾸와 우이스키-요리 비-루노 호-가 스끼데스

더운 여름보다 추운 겨울이 좋습니다.

暑い夏より寒い冬のほうがいいです。

아쯔이 나쯔요리 사무이 후유노 호-가 이-데스

말해볼까요?

A: 野球場まではタクシーのほうが速いですか。
やきゅうじょう　　　　　　　　　　　はや

야뀨-죠-마데와 타쿠시-노 호-가 하야이데스까

B: いいえ、地下鉄のほうが速いです。
　　　　　ち　か　てつ　　　　　　　はや

이-에, 치까테쯔노 호-가 하야이데스

A: あなたは野球が好きですか。
　　　　　　や　きゅう　す

아나따와 야뀨-가 스끼데스까

B: はい、サッカーより野球のほうが好きです。
　　　　　　　　　　　や　きゅう　　　　　　　す

하이, 삭카-요리 야뀨-노 호-가 스끼데스

A: 야구장까지는 택시가 빠릅니까?

B: 아니오, 지하철이 빠릅니다.

A: 당신은 야구를 좋아합니까?

B: 네, 축구보다 야구를 좋아합니다.

학습포인트!

より는 비교를 나타낼 때 쓰이는 조사로 우리말의 '~보다'에 해당하며, と는 여러 가지 사물이나 사항을 나열할 때 쓰이는 조사로 우리말의 '~와(과)'에 해당합니다. 두 가지 사물이나 사항을 비교할 때는 ~と ~と どちらの ほうが ~ですか(~과 ~과 어느 쪽이 ~입니까?)의 질문과 ~の ほうが ~より ~です(~의 쪽이 ~보다 ~입니다)의 대답으로 문형을 취합니다.

Unit 20
~の中で、いちばん
~중에서, ~가장

 녹음을 듣고 소리내어 읽어볼까요?

외국어 중에 어느 것이 가장 어렵습니까?

外国語の中で、どれがいちばん難しいですか。

가이코꾸고노 나까데, 도레가 이찌밤 무즈까시-데스까

스포츠 중에 무엇을 가장 좋아합니까?

スポーツの中で、何がいちばん好きですか。

스포-츠노 나까데, 나니가 이찌반 스끼데스까

노래 중에 어떤 노래를 가장 잘 부릅니까?

歌の中で、どんな歌がいちばんうまいですか。

우따노 나까데, 돈나 우따가 이찌방 우마이데스까

한자 중에 어느 글자가 가장 쓰기 힘듭니까?

漢字の中で、どの字がいちばん書きにくいですか。

칸지노 나까데, 도노 지가 이찌방 가끼니꾸이데스까

일본에서 어디가 가장 인상에 남았습니까?

日本でどこがいちばん印象に残りましたか。

니혼데 도꼬가 이찌방 인쇼-니 노꼬리마시다까

残る 남다

한국에서 어디를 가장 가고 싶습니까?

韓国でどこがいちばん行きたいですか。

캉코꾸데 도꼬가 이찌방 이끼따이데스까

말해볼까요?

A: 山田さん、いつ韓国へ来ましたか。
야마다상, 이쯔 캉코꾸에 기마시다까

B: 今日来ました。
쿄- 기마시다

A: 韓国でどこがいちばん行きたいですか。
캉코꾸데 도꼬가 이찌방 이끼따이데스까

B: 今はどこへも行きたくありません。
이마와 도꼬에모 이끼따꾸 아리마셍

A: 야마다 씨, 언제 한국에 왔습니까?

B: 오늘 왔습니다.

A: 한국에서 어디를 가장 가고 싶습니까?

B: 지금은 어디에도 가고 싶지 않습니다.

 학습포인트!

~の中で、いちばん(~중에서, ~가장)의 문형은 여러 가지 사물이나 사항을 나열하여 특히 그것이 제일이라는 뜻을 나타낼 때 많이 쓰이는 표현입니다. 참고로 부사적으로 쓰일 때는 いちばん이라 표기하고 순번을 나타낼 때는 一番으로 표기합니다.

どれも(어느 것도, 모두)처럼 의문사에 も를 접속하면 전체를 나타냅니다. だれも(아무도), なにも(아무 것도), どれも(어느 것도)

(명사)~になる
~이(가) 되다

▶ 녹음을 듣고 소리내어 읽어볼까요?

당신은 선생님이 되고 싶습니까?

あなたは先生になりたいですか。

아나따와 센세-니 나리따이데스까

명사에 ~になる가 접속하면 '~이(가) 되다'의 뜻이 된다

그는 일본 제일의 음악가가 되었습니다.

彼は日本一の音楽家になりました。

카레와 니홍이찌노 옹가꾸까니 나리마시다

우리말로 직역하여 ~가なる로 하지 않도록 주의한다

벌써 단풍의 계절이 되었군요.

もう紅葉の季節になりましたね。

모- 모미지노 기세쯔니 나리마시따네

선생님의 강의는 휴강이 되었습니다.

先生の講義は休講になりました。

센세-노 코-기와 큐-꼬-니 나리마시다

休講 휴강

벌써 오후 5시가 되었습니다.

もう午後5時になりました。

모- 고고 고지니 나리마시다

이 아이는 장래 과학자가 되는 것입니다.

この子は将来科学者になることです。

고노 꼬와 쇼-라이 카가꾸샤니 나루 고또데스

こと 일, 것

말해볼까요?

A: もう<ruby>冬<rt>ふゆ</rt></ruby>になりましたね。

모- 후유니 나리마시따네

B: そうですね。<ruby>今日<rt>きょう</rt></ruby>はなかなか<ruby>寒<rt>さむ</rt></ruby>いですよ。

소-데스네. 쿄-와 나까나까 사무이데스요

A: <ruby>木村先生<rt>き むらせんせい</rt></ruby>の<ruby>講義<rt>こう ぎ</rt></ruby>はどうなりましたか。

기무라 센세-노 코-기와 도-나리마시다까

B: <ruby>病気<rt>びょう き</rt></ruby>で、<ruby>休講<rt>きゅうこう</rt></ruby>になりました。

뵤-끼데, 큐-꼬-니 나리마시다

A: 벌써 겨울이 되었군요.

B: 그렇군요. 오늘은 꽤 추워요.

A: 기무라 선생님 강의는 어떻게 되었습니까?

B: 아프셔서 휴강이 되었습니다.

학습포인트!

동사 なる는 '되다'라는 뜻으로 어떤 상태에서 다른 상태로 변하는 것을 나타내는데, 명사에 접속할 때는 ~になる 형태를 취하며 해석은 '~이(가) 되다'로 합니다. 우리말을 직역하여 ~がなる라고 하지 않도록 주의해야 합니다. なる는 なります(됩니다), なりません(되지 않습니다), なりました(되었습니다), なりたい(되고 싶다) 등처럼 5단동사로 활용을 합니다.

(형용사)~くなる
~하게 되다(해지다)

 녹음을 듣고 소리내어 읽어볼까요?

점점 서늘해집니다.

だんだん涼_{すず}しくなります。

단단 스즈시꾸 나리마스

형용사에 ~なる가 접속하면 '~하게 되다, ~해지다'의 뜻을 나타낸다

가네코 양은 무척 아름다워졌습니다.

金子_{かねこ}さんはずいぶん美_{うつく}しくなりました。

가네꼬상와 즈이붕 우쯔꾸시꾸 나리마시다

이제부터 일본어는 어려워집니다.

これから日本語_{にほんご}は難_{むずか}しくなります。

고레까라 니홍고와 무즈까시꾸 나리마스

7월부터 점점 무더워집니다.

7月_{しちがつ}からだんだんむし暑_{あつ}くなります。

시찌가쯔까라 단담 무시아쯔꾸 나리마스

むし暑い 무덥다

요즘 일은 바빠졌습니까?

この頃_{ごろ}、お仕事_{しごと}は忙_{いそが}しくなりましたか。

고노고로, 오시고또와 이소가시꾸 나리마시다까

忙しい 바쁘다

아드님은 무척 컸군요.

お子_こさんはずいぶん大_{おお}きくなりましたね。

오꼬상와 즈이붕 오-키꾸 나리마시따네

말해볼까요?

A: 髪の毛がずいぶん長くなりましたね。

가미노 께가 즈이분 나가꾸 나리마시따네

B: ええ、もう3か月ですよ。

에-, 모- 상까게쯔데스요

A: この頃、忙しいですか。

고노고로, 이소가시-데스까

B: ええ、少し仕事が忙しくなりました。

에-, 스꼬시 시고또가 이소가시꾸 나리마시다

A: 머리가 많이 길었네요.

B: 네, 벌써 3개월이에요.

A: 요즘 바쁘세요?

B: 네, 조금 일이 바빠졌습니다.

 학습포인트!

동사 なる는 '되다'라는 뜻으로 어떤 상태에서 다른 상태로 변하는 것을 나타내는데, 형용사에 접속할 때는 ~くなる 형태를 취합니다. 즉, 어미 い가 く로 바뀌어 동사 なる가 접속되면 '~해지다, ~하게 되다'의 뜻으로 어떤 상태에서 다른 상태로 변화하는 것을 나타냅니다. なる는 なります (됩니다), なりたい(되고 싶다) 등처럼 5단동사로 활용을 합니다.

Unit 23

(형용동사)~になる
~하게 되다(해지다)

▶ 녹음을 듣고 소리내어 읽어볼까요?

이 거리도 깨끗해졌군요.

この街もきれいになりましたね。
고모 마찌모 기레-니 나리마시따네

*형용동사의 어간에 ~になる가 접속하면

약을 먹고 편해졌습니다.

薬を飲んで楽になりました。
구스리오 논데 라꾸니 나리마시다

'~하게 되다, ~해지다'의 뜻을 나타낸다 / 薬を飲む 약을 먹다

김씨는 일본어가 능숙해졌습니다.

キムさんは日本語が上手になりました。
기무상와 니홍고가 죠-즈니 나리마시다

↔ 下手(へた)だ 서투르다

이 상품은 유명해졌습니다.

この商品は有名になりました。
고노 쇼-힝와 유-메-니 나리마시다

나도 골프를 좋아하게 되었습니다.

わたしもゴルフが好きになりました。
와따시모 고루후가 스끼니 나리마시다

↔ 嫌(きら)いだ 싫어하다

이 주변도 상당히 조용해졌습니다.

この辺りもなかなか静かになりました。
고노 아따리모 나까나까 시즈까니 나리마시다

160

말해볼까요?

A: 日本語がお上手になりましたね。
니홍고가 오죠-즈니 나리마시따네

B: いいえ、まだまだです。
이-에, 마다마다데스

A: お母さんはもう元気になりましたか。
오까-상와 모- 겡끼니 나리마시다까

B: はい、お陰さまで元気になりました。
하이, 오까게사마데 겡끼니 나리마시다

A: 일본어가 능숙해졌군요.

B: 아니오, 아직 멀었습니다.

A: 어머니는 건강해지셨습니까?

B: 네, 덕분에 건강해지셨습니다.

 학습포인트!

동사 なる는 '되다'라는 뜻으로 어떤 상태에서 다른 상태로 변하는 것을 나타내는데, 형용동사에 접속할 때는 ~になる 형태를 취합니다. 즉, 어미 だ가 に로 바뀌어 동사 なる가 접속되면 '~해지다, ~하게 되다'의 뜻으로 어떤 상태에서 다른 상태로 변화하는 것을 나타냅니다. なる는 なります (됩니다), なりたい(되고 싶다) 등처럼 5단동사로 활용을 합니다.

Unit 24

(형용사)~くする
~하게 하다

▶ 녹음을 듣고 소리내어 읽어볼까요?

바지 자락은 길게 하겠습니까?

ズボンのすそは長くしますか。

즈본노 스소와 나가꾸 시마스까

형용사에 를 する접속하면 '~하게 하다'의 뜻을 나타낸다

가격을 조금 싸게 했습니다.

値段を少し安くしました。

네당오 스꼬시 야스꾸 시마시다

카레는 맵지 않게 했습니다.

カレーは辛くなくしました。

카레-와 카라쿠나꾸 시마시다

辛い 맵다 / 辛くない 맵지 않다

빵을 조금 달게 했습니다.

パンを少し甘くしました。

팡오 스꼬시 아마꾸 시마시다

甘い 달다

이번에 벽을 페인트로 하얗게 했습니다.

今度、壁をペイントで白くしました。

곤도, 카베오 페인토데 시로꾸 시마시다

~で ~으로(수단)

선풍기는 공기를 시원하게 합니다.

扇風機は空気を涼しくします。

셈푸-끼와 쿠-끼오 스즈시꾸 시마스

涼しい 시원하다

말해볼까요?

A: もう暗<ruby>暗<rt>くら</rt></ruby>くなりましたね。
모- 구라꾸 나리마시따네

B: ええ、冬<ruby>冬<rt>ふゆ</rt></ruby>は日<ruby>日<rt>ひ</rt></ruby>が短<ruby>短<rt>みじか</rt></ruby>いですよ。
에-, 후유와 히가 미지까이데스요

A: 部屋<ruby>部屋<rt>へや</rt></ruby>がちょっと暗<ruby>暗<rt>くら</rt></ruby>くありませんか。
헤야가 촛또 구라꾸 아리마셍까

B: そうですね。少<ruby>少<rt>すこ</rt></ruby>し明<ruby>明<rt>あか</rt></ruby>るくしましょうか。
소-데스네. 스꼬시 아까루꾸 시마쇼-까

A: 벌써 어두워졌군요.

B: 예, 겨울은 해가 짧아요.

A: 방이 좀 어둡지 않습니까?

B: 그렇군요. 조금 밝게 할까요?

 학습포인트!

동사 する는 '하다'라는 뜻을 가진 변격동사(します, しながら)로 형용사에 접속할 때는 ~くする 형태를 취합니다. 즉, 어미 い가 く로 바뀌어 동사 する가 접속되면 '~하게 하다'의 뜻으로 의지적인 변화를 주어 어떤 상태로 바꾸다는 뜻을 나타냅니다. 長い(길다)・長くする(길게 하다), 安い(싸다)・安くする(싸게 하다), 明るい(밝다)・明るくする(밝게 하다)

Unit 25

(명사·형용동사)~にする

~으로 하다 / ~하게 하다

▶ 녹음을 듣고 소리내어 읽어볼까요?

나는 차가운 맥주로 하겠습니다.

わたしは冷たいビールにします。

와따시와 쓰메따이 비-루니 시마스

명사에 ~にする가 접속하면 선택을 나타낸다

밥으로 하시겠어요, 빵으로 하시겠어요?

ご飯にしますか、パンにしますか。

고한니 시마스까, 판니 시마스까

스케줄을 좀 더 편하게 합시다.

スケジュールをもっと楽にしましょう。

스케쥬-루오 못또 라꾸니 시마쇼-

형용동사에 する가 접속하면 '~하게 하다'의 뜻을 나타낸다

복장은 간소하게 합시다.

服装は簡素にしましょう。

후꾸소-와 칸소니 시마쇼-

簡素だ 간소하다

여러분, 여기서는 조용히 합시다.

皆さん、ここでは静かにしましょう。

미나상, 고꼬데와 시즈까니 시마쇼-

복잡한 것을 간단히 했습니다.

複雑なことを簡単にしました。

후꾸자쓰나 고또오 간딴니 시마시다

簡単だ 간단하다

164

말해볼까요?

A: あそこで何か飲みましょうか。

아소꼬데 나니까 노미마쇼-까

B: いいですね。わたしも何か飲みたいです。

이-데스네. 와따시모 나니까 노미따이데스

A: コーヒーにしますか。それともジュースにしますか。

코-히-니 시마스까. 소레또모 쥬-스니 시마스까

B: 熱いコーヒーにします。

아쯔이 코-히-니 시마스

A: 저기에서 뭔가 마실까요?

B: 좋아요. 저도 무언가 마시고 싶습니다.

A: 커피로 할까요, 아니면 주스로 할까요?

B: 뜨거운 커피로 하겠습니다.

 학습포인트!

동사 する는 '하다'라는 뜻을 가진 변격동사로 명사에 ~にする의 형태로 접속하면 우리말의 '~으로 하다'의 뜻으로 선택을 나타냅니다. 또한 형용동사에 접속할 때도 ~にする 형태를 취합니다. 즉, 어미 だ가 に로 바뀌어 동사 する가 접속되면 '~하게 하다'의 뜻으로 의지적인 변화를 주어 어떤 상태로 바꾸다는 뜻을 나타냅니다.

처음 시작하는
일본어 첫걸음

PART **05**

동사의 て형

イ음편 -いて(で)
촉음편 -って
하네루음편 -んで
무음편 -て

▶ 1단동사의 て형

1단동사와 변격동사의 경우 접속조사 て가 이어질 때는 앞서 배운 **ます**가 접속할 때와 마찬가지로 어미 **る**가 생략된 형태에 이어집니다. 이것을 편의상 て형으로 하겠습니다.

기본형	의 미	~て	의 미
起(お)きる	일어나다	起きて	일어나고, 일어나서
食(た)べる	먹다	食べて	먹고, 먹어서

▶ イ음편

5단동사의 기본형 어미가 く・ぐ인 경우에 나열・동작의 연결・원인・이유・설명을 나타내는 접속조사 て가 이어질 때는 어미 く・ぐ가 い로 바뀝니다. 이것을 い음편이라고 합니다. 단, 어미가 ぐ인 경우는 탁음이 て에 이어져 で로 연탁이 되므로 주의해야 합니다.

기본형	의 미	~て	의 미
書(か)く	쓰다	書いて	쓰고, 써서
泳(およ)ぐ	헤엄치다	泳いで	헤엄치고, 헤엄쳐서

▶ 촉음편

5단동사의 기본형 어미가 う・つ・る인 경우에 나열・동작의 연결・원인・이유・설명을 나타내는 접속조사 て가 이어질 때는 어미 う・つ・る가 촉음 っ로 바뀝니다. 이것을 촉음편이라고 합니다.

기본형	의 미	~て	의 미
買(か)う	사다	買って	사고, 사서
待(ま)つ	기다리다	待って	기다리고, 기다려서
乗(の)る	타다	乗って	타고, 타서

▶ 하네루 음편

5단동사의 기본형 어미가 ぬ・む・ぶ인 경우에 나열・동작의 연결・워이・이유・설명을 나타내는 접속조사 て가 이어질 때는 어미 ぬ・む・ぶ가 하네루 음인 ん으로 바뀝니다. 이것을 하네루 음편이라고 합니다. 하네루 음편의 경우는 ん의 영향으로 접속조사 て가 で로 탁음이 됩니다.

기본형	의 미	~て	의 미
飲(の)む	마시다	飲んで	마시고, 마셔서
呼(よ)ぶ	부르다	呼んで	부르고, 불러서
死(し)ぬ	죽다	死んで	죽고, 죽어서

▶ 5단동사의 무음편과 예외

5단동사 중에 어미가 す로 끝나는 것은 ます가 접속될 때와 마찬가지로 음편을 하지 않습니다. 또한 5단동사 중에 유일하게 行く(가다)만은 い음편을 하지 않고 촉음편을 합니다.

기본형	의 미	~て	의 미
話(はな)す	이야기하다	話して	이야기하고
行(い)く	가다	行って	가고, 가서

▶ 변격동사의 て형

변격동사인 くる(오다)와 する(하다)에 나열·동작의 연결·원인·이유·설명을 나타내는 접속조사 て가 이어질 때도 ます가 접속될 때처럼 어간이 き·し로 변하고 어미 る가 탈락됩니다.

기본형	의 미	~て	의 미
来(く)る	오다	きて	오고, 와서
する	하다	して	하고, 해서

▶ 예외적인 5단동사 て형

형태상 1단동사이지만 5단동사 활용을 하는 예외적인 5단동사는 어미가 る이므로 촉음편을 합니다.

기본형	~て(×)	~って(○)	의 미
知(し)る	知て	知って	알고, 알아서
入(はい)る	入て	入って	들어가고, 들어가서
走(はし)る	走て	走って	달리고, 달려서
帰(かえ)る	帰て	帰って	돌아가고, 돌아가서

(1단동사)~て

~하고, 하며, 해서

 녹음을 듣고 소리내어 읽어볼까요?

아침에 일어나서 무엇을 합니까?

朝起きて何をしますか。

아사 오끼떼 나니오 시마스까

起きる 일어나다

운동복을 입고 조깅을 합니다.

スポーツウエアーを着てジョギングをします。

스포-츠우에아-오 기떼 죠깅구오 시마스

着る 입다

급한 일이 생겨서 가지 않았습니다.

急用ができて、行きませんでした。

큐-요-가 데끼떼, 이끼마센데시다

できる 생기다, 할 수 있다

열이 나서 쉬었습니다.

熱が出て、休みました。

네쯔가 데떼, 야스미마시다

出る 나(오)다

텔레비전을 보고 신문을 읽습니다.

テレビを見て新聞を読みます。

테레비오 미떼 심붕오 요미마스

見る 보다

그는 개를 데리고 공원에 갔습니다.

彼は犬を連れて公園へ行きました。

카레와 이누오 쓰레떼 코-엥에 이끼마시다

連れる 데리고 가(오)다

말해볼까요?

A: 木村さんのお誕生日はいつでしたか。
きむら　　　　たんじょうび

기무라산노 오딴죠-비와 이쯔데시다까

B: 先週の金曜日でした。
せんしゅう　きんようび

센슈-노 킹요-비데시다

A: パーティーに何を着て参加しましたか。
　　　　　　　なに　き　さんか

파-티-니 나니오 기떼 상까시마시다까

B: 素敵な背広を着て参加しました。
すてき　せびろ　き　さんか

스떼끼나 세비로오 기떼 상까시마시다

A: 기무라 씨 생일은 언제였습니까?

B: 지난주 금요일이었습니다.

A: 파티에 무엇을 입고 참석했습니까?

B: 근사한 양복을 입고 참석했습니다.

 학습포인트!

1단동사(見る 보다, 起きる 일어나다, 寝る 자다, 食べる 먹다 등)에 나열, 동작의 연결, 원인, 이유, 설명을 나타내는 접속조사 て(~하며, ~하여, ~해서, ~하고)가 이어질 때는 앞서 배운 ます가 이어질 때와 마찬가지로 어미 동사임을 결정짓는 る가 탈락되며, 여기서 접속조사 て는 어떤 동작에서 다른 동작으로 이어주는 경우에 쓰입니다.

見る → 見て, 起きる → 起きて, 寝る → 寝て, 食べる → 食べて

(5단동사)~いて[で]・して

~하고, 하며, 해서

▶ 녹음을 듣고 소리내어 읽어볼까요?

감기에 걸려 학교를 쉬었습니다. ✔ ⑦ ⑦

風邪を引いて、学校を休みました。

카제오 히이떼, 각꼬-오 야스미마시다

風邪を引く 감기에 걸리다

전등을 끄고 침대에 들어갔습니다. ⑦ ⑦ ⑦

電灯を消して、ベッドに入りました。

덴또-오 게시떼, 벳도니 하이리마시다

消す 끄다

글자를 써서 설명을 했습니다. ⑦ ⑦ ⑦

字を書いて、説明をしました。

지오 가이떼, 세쯔메-오 시마시다

書く 쓰다

외투를 벗고 안으로 들어갔습니다. ⑦ ⑦ ⑦

外套を脱いで、中に入りました。

가이또-오 누이데, 나까니 하이리마시다

脱ぐ (옷을) 벗다

풀장에서 헤엄치고 집에 왔습니다. ⑦ ⑦ ⑦

プールで泳いで、うちへ帰りました。

푸-루데 오요이데, 우찌에 가에리마시다

泳ぐ 헤엄치다

편지를 부치고 회사에 갔습니다. ⑦ ⑦ ⑦

手紙を出して会社へ行きました。

데가미오 다시떼 카이샤에 이끼마시다

手紙を出す 편지를 부치다

말해볼까요?

A: どうして会社を休みましたか。
도-시떼 카이샤오 야스미마시다까

B: ひどい風邪を引いて病院へ行きました。
히도이 카제오 히이떼 뵤-잉에 이끼마시다

A: 今日も風邪がひどいですか。
쿄-모 카제가 히도이데스까

B: いいえ、きのうよりひどくはありません。
이-에, 기노-요리 히도꾸와 아리마셍

A: 왜 회사를 쉬었습니까?

B: 심한 감기에 걸려서 병원에 갔습니다.

A: 오늘도 감기가 심합니까?

B: 아니오, 어제보다 심하지는 않습니다.

학습포인트!

5단동사의 어미 형태가 く ぐ(書く 쓰다, 脱ぐ 벗다)인 경우 나열, 동작의 연결, 원인, 이유, 설명을 나타내는 접속조사 て(~하며, ~하여, ~해서, ~하고)가 이어질 때는 い로 바뀌어 접속조사 て가 이어지며, 어미가 ぐ인 경우는 탁음이 て에 이어져 で가 됩니다. 이것을 イ음편이라고 합니다. 그러나 어미가 す인 경우는 음편을 하지 않고 ます가 접속할 때와 동일합니다.

書く → 書いて, 脱ぐ → 脱いで

(5단동사)~って
~하고, 하며, 해서

▶ 녹음을 듣고 소리내어 읽어볼까요?

친구를 만나서 영화를 보았습니다.

友達に会って映画を見ました。
도모다찌니 앗떼 에-가오 미마시다

~に会う ~를 만나다

그 서점은 책도 팔고, 커피도 팔았습니다.

あの書店は本も売って、コーヒーも売りました。
아노 쇼뗑와 홈모 웃떼, 코-히-모 우리마시다

売る 팔다 ↔ 買(か)う 사다

선물을 들고 고향에 갔습니다.

お土産を持って国へ帰りました。
오미야게오 못떼 구니에 가에리마시다

持つ 들다

역에서 요시무라 씨도 기다리고 나카무라 씨도 기다렸습니다.

駅で吉村さんも待って、中村さんも待ちました。
에끼데 요시무라삼모 맛떼, 나까무라삼모 마찌마시다

待つ 기다리다

버스를 타고 회사에 갑니다.

バスに乗って会社へ行きます。
바스니 놋떼 카이샤에 이끼마스

~に乗る ~을 타다

백화점에 가서 무엇을 샀습니까?

デパートへ行って何を買いましたか。
데파-토에 잇떼 나니오 가이마시다까

行く(가다)는 예외적으로 イ음편을 하지 않고 촉음편을 한다

말해볼까요?

A: きのう、誰かに会いましたか。

기노-, 다레까니 아이마시다까

B: はい、久しぶりに友達に会いました。

하이, 히사시부리니 도모다찌니 아이마시다

A: 友達に会って何をしましたか。

도모다찌니 앗떼 나니오 시마시다까

B: バーへ行ってビールを飲みました。

바-에 잇떼 비-루오 노미마시다

A: 어제 누군가를 만났습니까?

B: 네, 오랜만에 친구를 만났습니다.

A: 친구를 만나서 무엇을 했습니까?

B: 바에 가서 맥주를 마셨습니다.

학습포인트!

5단동사의 어미 형태가 う つ る(会う 만나다, 持つ 들다, ある 있다)인 경우 나열, 동작의 연결, 원인, 이유, 설명을 나타내는 접속조사 て(~하며, ~하여, ~해서, ~하고)가 이어질 때는 촉음 っ로 바뀌어 접속조사 て가 이어집니다. 이것을 촉음편이라고 합니다.

会う → 会って, 持つ → 持って, ある → あって

Unit 04

(5단동사)~んで

~하고, 하며, 해서

▶ 녹음을 듣고 소리내어 읽어볼까요?

귀여운 개가 죽어 울었습니다.

かわいい犬が死んで、泣きました。

가와이- 이누가 신데, 나끼마시다

死ぬ 죽다

좀 쉬고 일을 시작하겠습니다.

少し休んで仕事を始めます。

스꼬시 야슨데 시고또오 하지메마스

休む 쉬다

어젯밤은 책을 읽고 잤습니다.

ゆうべは本を読んで寝ました。

유-베와 홍오 욘데 네마시다

読む 읽다

어제 주스도 마시고 맥주도 마셨습니다.

きのうジュースも飲んで、ビールも飲みました。

기노- 쥬-스모 논데, 비-루모 노미마시다

飲む 마시다

새는 하늘을 날고, 사람들은 공원을 걸었습니다.

鳥は空を飛んで、人々は公園を歩きました。

도리와 소라오 돈데, 히토비또와 코-엥오 아루끼마시다

飛ぶ 날다 / 々 반복부호

여러분의 이름을 불러 보겠습니다.

皆さんの名前を呼んでみます。

미나산노 나마에오 욘데 미마스

呼ぶ 부르다

176

말해볼까요?

A: 病院へ行ってみましたか。
보-잉에 잇떼 미마시다까

B: はい、医者に診てもらいました。
하이, 이샤니 미떼 모라이마시다

A: 薬は飲みましたか。
구스리와 노미마시다까

B: はい、薬を飲んでぐっすり寝ました。
하이, 구스리오 논데 굿스리 네마시다

A: 병원에 가보았습니까?

B: 네, 의사에게 진찰을 받았습니다.

A: 약은 먹었습니까?

B: 네, 약을 먹고 푹 잤습니다.

학습포인트!

5단동사의 어미 형태가 む ぶ ぬ (飲む 마시다, 呼ぶ 부르다, 死ぬ 죽다) 인 경우 나열, 동작의 연결, 원인, 이유, 설명을 나타내는 접속조사 て(~하며, ~하여, ~해서, ~하고)가 이어질 때는 발음 ん으로 바뀌어 접속조사 て가 이어지며 집니다. 이것을 발음편(撥音便)이라고 하며, 접속조사 て는 ん의 영향을 받아 で로 탁음이 됩니다.

飲む → 飲んで, 呼ぶ → 呼んで, 死ぬ → 死んで

Unit 05

して·きて / ~って
~하고, 하며, 해서

▶ 녹음을 듣고 소리내어 읽어볼까요?

늦잠을 자서 지각했습니다.
朝寝坊をして遅刻しました。
아사네보-오 시떼 치코꾸시마시다

朝寝坊をする 늦잠을 자다 / します → して

밖에서 무엇을 하고 집에 갔습니까?
外で何をしてうちへ帰りましたか。
소또데 나니오 시떼 우찌에 가에리마시다까

친구가 와서 테니스를 하고 놀았습니다.
友達が来てテニスをして遊びました。
도모다찌가 기떼 테니스오 시떼 아소비마시다

くる 오다 / きます → きて

집에 가서 청소를 했습니다.
うちへ帰って掃除をしました。
우찌에 가엣떼 소-지오 시마시다

帰る 돌아가(오)다

방에 들어와서 음악을 들었습니다.
部屋に入って音楽を聞きました。
헤야니 하잇데 옹가꾸오 기끼마시다

入る 들어가(오)다

차가 달리고, 옆에는 사람이 걸어갔습니다.
車が走って、側には人が歩いて行きました。
구루마가 하싯떼, 소바니와 히또가 아루이떼 이끼마시다

走る 달리다

말해볼까요?

A: どうして遅れましたか。
　　도-시떼 오꾸레마시다까

B: 朝寝坊をして遅刻しました。
　　아사네보-오 시떼 치코꾸시마시다

A: ゆうべ、何をしましたか。
　　유-베, 나니오 시마시다까

B: 日本から友達が来てお酒を飲みました。
　　니홍까라 도모다찌가 기떼 오사께오 노미마시다

A: 왜 늦었습니까?

B: 늦잠을 자서 지각했습니다.

A: 어젯밤 무엇을 했습니까?

B: 일본에서 친구가 와서 술을 마셨습니다.

학습포인트!

변격동사 くる와 する는 접속조사 て가 이어질 때 음편을 하지 않고 앞서 배운 ます가 접속될 때와 동일하게 어간이 き와 し로 변하여 て가 이어집니다. 5단동사 行く(가다)는 어미가 く인데도 불구하고 イ음편을 하지 않고 行って로 촉음편을 합니다. 또한 형태상 1단동사이면서도 5단활용을 하는 동사(帰る, 要る, 入る 등)도 어미가 る이기 때문에 촉음편을 합니다.

(동사)~ている
~하고 있다

🔘 녹음을 듣고 소리내어 읽어볼까요?

김씨는 식료품을 사고 있습니다.

キムさんは食料品を買っています。

기무상와 쇼꾸료-힝오 갓떼 이마스

*동사에 ~ている가 접속하면 '~하고 있다'의 뜻으로

당신은 무엇을 하고 있었습니까?

あなたは何をしていましたか。

아나따와 나니오 시떼 이마시다까

동작의 진행을 나타낸다

그는 레스토랑에서 무엇을 먹고 있습니까?

彼はレストランで何を食べていますか。

카레와 레스토란데 나니오 다베떼 이마스까

食べる 먹다

차가 많이 달리고 있습니다.

車がたくさん走っています。

구루마가 닥상 하싯떼 이마스

たくさん 많이

그는 밥을 먹고 이를 닦고 있습니다.

彼はご飯を食べて歯を磨いています。

카레와 고항오 다베떼 하오 미가이떼 이마스

磨く 닦다

차가운 주스를 마시고 있습니다.

冷たいジュースを飲んでいます。

쓰메다이 쥬-스오 논데 이마스

冷たい 차갑다 / 飲む 마시다

말해볼까요?

A: うちに<ruby>帰<rt>かえ</rt></ruby>って、いつも<ruby>何<rt>なに</rt></ruby>をしますか。

우찌니 가엣떼, 이쯔모 나니오 시마스까

B: <ruby>食事<rt>しょくじ</rt></ruby>をして、<ruby>勉強<rt>べんきょう</rt></ruby>をします。

쇼꾸지오 시떼, 벵꾜-오 시마스

A: そうですか。<ruby>今<rt>いま</rt></ruby>は<ruby>何<rt>なに</rt></ruby>をしていますか。

소-데스까. 이마와 나니오 시떼 이마스까

B: <ruby>今<rt>いま</rt></ruby>は、<ruby>音楽<rt>おんがく</rt></ruby>を<ruby>聞<rt>き</rt></ruby>きながら、お<ruby>茶<rt>ちゃ</rt></ruby>を<ruby>飲<rt>の</rt></ruby>んでいます。

이마와, 옹가꾸오 기끼나가라, 오챠오 논데 이마스

A: 집에 돌아가서 늘 무엇을 합니까?

B: 식사를 하고 공부를 합니다.

A: 그렇습니까? 지금은 무엇을 하고 있습니까?

B: 지금은 음악을 들으면서 차를 마시고 있습니다.

학습포인트!

동사에 접속조사 て가 접속한 형태에 보조동사 いる(있다)가 접속된 ~て いる는 우리말의 '~하고 있다'라는 뜻으로 동작의 진행을 나타냅니다. 1단 동사의 경우는 음편이 ます가 접속할 때와 마찬가지이며, 5단동사의 경우 는 음편이 있습니다. 단, 어미가 ぐ ぬ ぶ む인 경우는 ~でいる가 되며, 변 격동사는 어간이 변하며 来ている, している가 됩니다.

Unit 07

(동사)~ている

~되어 있다

녹음을 듣고 소리내어 읽어볼까요?

요시다씨는 결혼했습니다.

吉田さんは結婚しています。

요시다상와 겍꼰시떼 이마스

*~ている는 상태를 나타내는 동사에 접속하면

꽃이 많이 피어 있습니다.

花がたくさん咲いています。

하나가 닥상 사이떼 이마스

'~어 있다'의 뜻으로 동작이 행해진 상태를 나타낸다

시계가 멈춰 있습니다.

時計が止まっています。

도께-가 도맛떼 이마스

止まる 멈추다

벌레가 죽어 있습니다.

虫が死んでいます。

무시가 신데 이마스

死ぬ 죽다

부인은 빨간 모자를 쓰고 있습니까?

奥さんは赤い帽子をかぶっていますか。

옥상와 아까이 보-시오 가붓떼 이마스까

かぶる 쓰다

요시다 선생님은 학자로서 뛰어납니다.

吉田先生は学者として優れています。

요시다 센세-와 가꾸샤도시떼 스구레떼 이마스

優れる 뛰어나다, 似る 닮다 등은 ~ている 형태로만 쓰인다

182

말해볼까요?

A: あの帽子をかぶっている人は誰ですか。

아노 보-시오 가붓떼 이루 히또와 다레데스까

B: わたしの妹です。

와따시노 이모-또데스

A: あなたは誰かに似ていますか。

아나따와 다레까니 니떼 이마스까

B: わたしは父親によく似ています。

와따시와 치찌오야니 요꾸 니떼 이마스

A: 저 모자를 쓰고 있는 사람은 누구입니까?

B: 제 여동생입니다.

A: 당신은 누구를 닮았습니까?

B: 저는 아버지를 많이 닮았습니다.

 학습포인트!

동사에 접속하는 ~ている는 동사의 성질에 따라서 동작의 결과로 생긴 상태를 나타내기도 합니다. 이때는 주로 우리말의 '~어 있다'으 뜻으로 상태를 나타내는 동사가 옵니다. 또한 단순히 상태만을 나타내는 동사는 '似(に)る 닮다, そびえる 솟다, すぐれる 뛰어나다' 등이 있으며, 이들 동사는 기본형 상태로 쓰이는 일은 없으며 반드시 ~ている의 형태로만 쓰입니다.

Unit
08

(동사)~てある
~되어 있다

▶ 녹음을 듣고 소리내어 읽어볼까요?

벽에 지도가 붙어 있습니다.

壁に地図が貼ってあります。
かべ　ちず　は

카베니 치즈가 핫떼 아리마스

*~てあると '~되어 있다'의 뜻으로

피아노 그림이 걸려 있습니다.

ピアノの絵がかけてあります。
え

피아노노 에가 가케떼 아리마스

행위나 동작의 결과의 상태를 나타낸다

물건이 깨끗이 진열되어 있군요.

品物がきれいに並べてありますね。
しなもの　　　　　なら

시나모노가 기레-니 나라베떼 아리마스네

並べる 진열하다, 늘어놓다

방에 장미꽃이 장식되어 있습니다.

部屋にバラの花が飾ってあります。
へ　や　　　　　はな　かざ

헤야니 바라노 하나가 가잣떼 아리마스

飾る 장식하다

테이블에 과일이 놓여 있습니다.

テーブルに果物が置いてあります。
くだもの　お

테-부루니 구다모노가 오이떼 아리마스

置く 두다, 놓다

노트에는 이름이 적혀 있습니까?

ノートには名前が書いてありますか。
なまえ　か

노-토니와 나마에가 가이떼 아리마스까

名前 이름

184

말해볼까요?

A: 机の上には何がありますか。

쓰꾸에노 우에니와 나니가 아리마스까

B: パソコンが置いてあります。

파소콩가 오이떼 아리마스

A: ファイルはどこにありますか。

화이루와 도꼬니 아리마스까

B: 上から2番目の引き出しに入れてあります。

우에까라 니밤메노 히끼다시니 이레떼 아리마스

A: 책상 위에는 무엇이 있습니까?

B: 컴퓨터가 놓여 있습니다.

A: 파일은 어디에 있습니까?

B: 위에서 두 번째 서랍에 넣어두었습니다.

 학습포인트!

본동사로 쓰일 때 いる는 생물의 존재, ある는 무생물의 존재를 나타내지만, 보조동사로 쓰이는 ~ている는 동사에 따라 진행(~하고 있다)을 나타내기도 하고 상태(~해 있다)를 나타내기도 합니다. 그러나 타동사에 상태를 나타내는 보조동사 ある(있다)가 접속된 ~てある는 '~되어 있다'의 뜻으로 행위나 동작 결과의 상태를 나타냅니다.

(동사)~てある

~해두다

▶ 녹음을 듣고 소리내어 읽어볼까요?

그 소설은 이미 읽었습니다.

あの小説はもう読んであります。

아노 쇼-세쯔와 모- 욘데 아리마스

*타동사의 ~てある가 접속하면 '~해 두다'의 뜻으로

벌써 환전해 두었습니다.

もう両替してありました。

모- 료-가에시떼 아리마시다

준비한 행위나 동작의 완료를 나타낸다

정원에는 작은 나무가 심어져 있습니다.

庭には小さな木が植えてあります。

니와니와 치이사나 기가 우에떼 아리마스

植える 심다

재료를 잘라 두었습니다.

材料を切ってありました。

자이료-오 깃떼 아리마시다

切る 자르다

대금은 이미 지불해 두었습니다.

代金はもう払ってありました。

다이낑와 모- 하랏떼 아리마시다

払う 지불하다

여행 준비해 두었습니까?

旅行の準備をしてありましたか。

료꼬-노 쥼비오 시떼 아리마시다까

말해볼까요? ♪✼

A: 旅行の準備はどうですか。

료꼬-노 쥼비와 도-데스까

B: もう準備してありました。

모- 쥼비시떼 아리마시다

A: 列車の切符は買いましたか。

렛샤노 킵뿌와 가이마시다까

B: はい、先週もう買ってありました。

하이, 센슈- 모- 갓떼 아리마시다

A: 여행 준비는 어떻습니까?

B: 이미 준비해두었습니다.

A: 열차 표는 샀습니까?

B: 네, 지난주 이미 사두었습니다.

 학습포인트!

타동사에 접속조사 て가 이어진 형태에 상태를 나타내는 보조동사 ある가 접속된 ~てある는 '~해 두다'의 뜻으로 준비한 행위나 동작의 완료를 나타냅니다. 보조동사로 쓰이는 いる와 ある도 본동사와 마찬가지로 활용합니다. ~ています, ~ていません, ~ていて, ~てあります, ~てありません, ~てあって

(동사)~ておく

~해두다

▶ 녹음을 듣고 소리내어 읽어볼까요?

자료는 파일로 보존해 두겠습니다.

資料はファイルに保存しておきます。

시료-와 화이루니 호존시떼 오끼마스

*~ておく는 '~해두다'의 뜻으로 행위나 동작 결과의 보존 상태를

가방을 저 로커에 보관해 두었습니다.

かばんをあのロッカーに保管しておきました。

가방오 아노 록카-니 호깐시떼 오끼마시다

나타내기도 하고, 준비상태를 나타내기도 한다

장미꽃을 거실에 장식해 둡니다.

バラの花を居間に飾っておきます。

바라노 하나오 이마니 카잣떼 오끼마스

居間 거실

맥주를 차갑게 해두었습니다.

ビールを冷やしておきました。

비-루오 히야시떼 오끼마시다

冷やす 차갑게 하다, 식히다

과자랑 음료수를 사두었습니다.

お菓子や飲み物を買っておきました。

오까시야 노미모노오 갓떼 오끼마시다

飲み物 마실 것, 음료 ↔ 食べ物 먹을 것

그럼, 지금 뭔가 먹어 두겠습니다.

じゃ、今のうち、何か食べておきます。

쟈, 이마노 우찌, 나니까 다베떼 오끼마스

今のうち (뒤로 미루지 말고) 지금

188

A: 見積書、できていますか。
　みつもりしょ
미쯔모리쇼, 데끼떼 이마스까

B: はい、デスクの上に提出しておきました。
　　　　　　　うえ　　　ていしゅつ
하이, 데스쿠노 우에니 테-슈쯔시떼 오끼마시다

A: ありがとう。帰りにビールでも飲みましょう。
　　　　　　　　かえ　　　　　　　　の
아리가또-. 가에리니 비-루데모 노미마쇼-

B: いいですね。もう予約しておきました。
　　　　　　　　　　よやく
이-데스네. 모- 요야꾸시떼 오끼마시다

A: 견적서 다 되었습니까?

B: 네, 책상 위에 제출해두었습니다.

A: 고마워요. 귀갓길에 맥주라고 마십시다.

B: 좋지요. 이미 예약해두었습니다.

 학습포인트!

동사에 접속조사 て가 이어진 형태에 '두다, 놓다'라는 뜻을 가진 보조동사 おく가 접속된 ~ておく는 '~해두다'의 뜻으로 행위나 동작 결과의 보존상태를 나타내기도 하고, 행위나 동작의 준비상태를 나타내기도 합니다. 본동사 置(お)く가 이처럼 보조동사를 쓰일 때는 한자로 표기하지 않고 おく로 표기하며 활용은 본동사와 동일하게 합니다.

Unit 11

(동사)~てから
~하고 나서

🔊 녹음을 듣고 소리내어 읽어볼까요?

돈을 모으고 나서 결혼하겠습니다. ✓ 👂 👂

お金をためてから、結婚します。

오까네오 다메떼까라, 겍꼰시마스

*~てから는 우리말의 '~하고 나서'의 뜻으로 앞의 동작이 일어난

복습하고 나서 새 내용을 공부합니다. 👂 👂 👂

復習してから、新しい内容を勉強します。

후꾸슈-시떼까라, 아따라시- 나이요-오 벵꾜-시마스

후에 다른 동작이 행하여지는 것을 나타낸다

집에 가서 무엇을 합니까? 👂 👂 👂

家に帰ってから、何をしますか。

이에니 가엣떼까라, 나니오 시마스까

帰る 돌아가(오)다

운동을 하고 나서 샤워를 합니다. 👂 👂 👂

運動をしてから、シャワーを浴びます。

운도-오 시떼까라, 샤와-오 아비마스

シャワーを浴びる 샤워를 하다

과일은 잘 씻고 나서 먹습니까? 👂 👂 👂

果物はよく洗ってから食べますか。

구다모노와 요꾸 아랏떼까라 다베마스까

洗う 씻다

텔레비전을 보고 나서 숙제를 했습니다. 👂 👂 👂

テレビを見てから宿題をしました。

테레비오 미떼까라 슈꾸다이오 시마시다

190

말해볼까요?

A: うちへ<ruby>帰<rt>かえ</rt></ruby>って<ruby>何<rt>なに</rt></ruby>をしますか。

우찌에 가엣떼 나니오 시마스까

B: まず、<ruby>運動<rt>うんどう</rt></ruby>をしてから、シャワーを<ruby>浴<rt>あ</rt></ruby>びます。

마즈, 운도-오 시떼까라, 샤와-오 아비마스

A: それから<ruby>何<rt>なに</rt></ruby>をしますか。

소레까라 나니오 시마스까

B: ご<ruby>飯<rt>はん</rt></ruby>を<ruby>食<rt>た</rt></ruby>べてから、テレビを<ruby>見<rt>み</rt></ruby>ます。

고항오 다베떼까라, 테레비오 미마스

A: 집에 돌아가서 무엇을 합니까?

B: 먼저 운동을 하고 나서 샤워를 합니다.

A: 그리고 나서 무엇을 합니까?

B: 밥을 먹고 나서 텔레비전을 봅니다.

 학습포인트!

동사에 접속조사 て가 이어진 형태에 조사 から가 접속된 ~てから는 우리말의 '~하고 나서'의 뜻으로 앞의 동작이 일어난 후에 다른 동작이 행해지는 것을 나타냅니다. 반대로 동사의 기본형에 まえに를 접속하면 '~하기 전에'의 뜻으로 동작이 일어나기 전의 상태를 나타냅니다. 会ってから(만나고 나서), 飲んでから(마시고 나서), 見てから(보고 나서)

(동사)~てみる
~해보다

 녹음을 듣고 소리내어 읽어볼까요?

공석이 있는지 없는지 물어보겠습니다.

空席があるかどうか聞いてみます。
쿠-세끼가 아루까 도-까 기이떼 미마스

~てみる는 '~해보다'의 뜻으로 동작이나 행위의 시도를 나타낸다

체온계로 재보겠습니다.

体温計で計ってみます。
타이옹께-데 하깟떼 미마스

計る 재다

알몸으로 헤엄쳐보지 않겠어요?

裸になって泳いでみませんか。
하다까니 낫떼 오요이데 미마셍까

裸(はだか) 알몸

오늘 해보겠습니다.

今日やってみます。
쿄- 얏떼 미마스

원숭이는 재주를 해보였습니다.

猿は芸をやってみせました。
사루와 게-오 얏떼 미세마시다

やる 하다 / ~てみせる ~해보이다

그녀는 플라밍고를 춤춰 보였습니다.

彼女はフラメンコを踊ってみせました。
카노죠와 후라멩코오 오돗떼 미세마시다

踊る 춤추다

A: ゆうべから少し熱があります。

유-베까라 스꼬시 네쯔가 아리마스

B: 熱を計ってみましたか。

네쯔오 하깟떼 미마시다까

A: ええ、病院へ行って計ってみました。

에-, 뵤-잉에 잇떼 하깟떼 미마시다

B: あ、そうですか。風邪ですか。

아, 소-데스까. 카제데스까

A: 어젯밤부터 조금 열이 있습니다.

B: 열을 재보았습니까?

A: 예, 병원에 가서 재보았습니다.

B: 아, 그렇습니까? 감기입니까?

학습포인트!

동사에 접속조사 て가 이어진 형태에 보조동사 みる가 접속하여 ~てみる의 형태가 되면 '~해보다'의 뜻으로 뭔가를 시도하다라는 의미를 나타냅니다. 이처럼 보조동사로 쓰일 때는 見る라고 한자로 표기하지 않습니다. ~てみる도 본동사 見る와 마찬가지로 1단활용을 합니다. ~てみます, ~てみません, ~てみました, ~てみたい, ~てみながら, ~てみて

(동사)~てしまう
~해버리다

▶ 녹음을 듣고 소리내어 읽어볼까요?

일본어를 마스터해버렸습니다.

日本語をマスターしてしまいました。
니홍고오 마스타-시떼 시마이마시다

~てしまう는 '~해버리다'의 뜻으로 행위나 동작의 완료를 나타낸다

모두 외출해버려서 집에는 아무도 없습니다.

みんな出かけてしまって、家には誰もいません。
민나 데카케떼 시맛떼, 이에니와 다레모 이마셍

나는 긴 머리를 잘라 버렸습니다.

わたしは長い髪を刈ってしまいました。
와따시와 나가이 가미오 갓떼 시마이마시다

髪を刈る 머리를 자르다

배탈이 나고 말았습니다.

お腹を壊してしまいました。
오나까오 고와시떼 시마이마시다

おなかをこわす 배탈이 나다

내릴 역을 지나쳐버렸습니다.

降りる駅を過ぎてしまいました。
오리루 에끼오 스기떼 시마이마시다

過ぎる 지나치다

그 회사는 이미 그만둬버렸습니다.

あの会社はもう辞めてしまいました。
아노 카이샤와 모- 야메떼 시마이마시다

화체에서는 ~てしまう를 ~ちゃう로 줄여서 말하기도 한다

말해볼까요?

A: 書店へ行って何を買いましたか。
しょてん　い　　　なに　か

쇼뗑에 잇떼 나니오 가이마시다까

B: ベストセラーの本を買いました。
ほん　か

베스토세라-노 홍오 가이마시다

A: 面白かったですか。
おもしろ

오모시로깟따데스까

B: ええ、面白くて一晩で読んでしまいました。
おもしろ　　ひとばん　よ

에-, 오모시로꾸떼 히또반데 욘데 시마이마시다

A: 서점에 가서 무엇을 샀습니까?

B: 베스트셀러 책을 샀습니다.

A: 재미있었습니까?

B: 예, 재미있어서 하룻밤에 읽어버렸습니다.

 학습포인트!

동사에 접속조사 て가 이어진 형태에 보조동사 しまう가 접속하면 '~해버리다, ~하고 말다'의 뜻으로 행위나 동작의 완료를 나타냅니다. 또한 회화체에서는 ~てしまう(でしまう)를 ~ちゃう(ぢゃう)로 줄여서 말하기도 합니다. ~てしまう는 단순한 완료를 나타내기도 하지만, 동작이나 작용의 완료에 따르는 난처함이나 유감스러움을 나타내기도 합니다.

Unit 14

(동사)~ていく

~해가다(해지다)

▶ 녹음을 듣고 소리내어 읽어볼까요?

모든 물가가 올라갑니다.

諸物価が値上がりしていきます。

しょぶっか　ねあ

쇼북까가 네아가리시떼 이끼마스

~ていく는 점차로 어떤 상태로 되어 가는 것을 나타낸다

벚꽃이 져갑니다.

桜の花が散っていきます。

さくら　はな　ち

사꾸라노 하나가 칫떼 이끼마스

花が散る 꽃이 지다 ↔ 花が咲(さ)く 꽃이 피다

지금부터 추워지겠군요.

これから寒くなっていきますね。

さむ

고레까라 사무꾸낫떼 이끼마스네

寒い 춥다

점점 병은 무거워집니다.

ますます病気は重くなっていきます。

びょうき　おも

마스마스 뵤-끼와 오모꾸낫떼 이끼마스

重い 무겁다 ↔ 軽(かる)い 가볍다

봄이 되어 눈도 녹아갑니다.

春になって、雪も溶けていきます。

はる　ゆき　と

하루니 낫떼, 유끼모 도케떼 이끼마스

溶ける 녹다

어려운 책을 술술 읽어나갑니다.

難しい本を読み進めていきます。

むずか　ほん　よ　すす

무즈까시- 홍오 요미스스메떼 이끼마스

進める 진행하다, 나가다

말해볼까요?

A: 桜の花が散っていきますね。

사꾸라노 하나가 칫떼 이끼마스네

B: ええ、もうじき6月になりますよ。

에-, 모-지끼 로꾸가쯔니 나리마스요

A: あ、そうですか。これから暑くなっていきますね。

아, 소-데스까. 고레까라 아쯔꾸낫떼 이끼마스네

B: ええ、夏になりますね。

에-, 나쯔니 나리마스네

A: 벚꽃이 져가는군요.

B: 예, 이제 곧 6월이 되어요.

A: 아, 그래요? 이제부터 더워지겠네요.

B: 예, 여름이 되겠군요.

학습포인트!

동사에 접속조사 て가 이어진 형태에 보조동사 いく(가다)가 접속하면 점차로 어떤 상태로 되어가는 것을 나타냅니다. 보조동사로 쓰일 때는 行く(가다)라고 한자로 표기하지 않습니다. 行く는 5단동사이지만 예외적으로 イ음편을 하지 않고 촉음편을 합니다.

暑くなっていきます는 형용사 暑い(덥다)에 '되다'라 뜻의 なる에 보조동사 いく가 접속된 형태입니다.

(동사)~てくる
~해오다(해지다)

▶ 녹음을 듣고 소리내어 읽어볼까요?

점점 살이 쪘습니다.

だんだん太ってきました。
ふと

단단 후톳떼 기마시다

*~てくる는 '~해오다, ~해지다'의 뜻으로 어떤 상태로

공부가 재미있어졌습니다.

勉強が面白くなってきました。
べんきょう　　　おもしろ

뱅꾜-가 오모시로꾸낫떼 기마시다

변화되어 오는 과정을 나타낸다

거리의 네온이 밝아졌습니다.

街のネオンが輝いてきました。
まち　　　　　　　　かがや

마찌노 네옹가 카가야이떼 기마시다

輝く 빛나다

일본 생활에 익숙해졌습니다.

日本の生活に慣れてきました。
に　ほん　せいかつ　　な

니혼노 세-카쯔니 나레떼 기마시다

慣れる 익숙하다

체중이 점점 줄어들었습니다.

体重がだんだん減ってきました。
たいじゅう　　　　　　へ

타이쥬-가 단당 헷떼 기마시다

減る 줄다

이제 곧 날이 밝아옵니다.

もうすぐ夜が開けてきます。
よ　　あ

모- 스구 요가 아께떼 기마스

夜が明ける 날이 새다

말해볼까요?

A: 韓国の生活はどうですか。
캉코꾸노 세-까쯔와 도-데스까

B: ここの生活ももう1年になりますよ。
고꼬노 세-까쯔모 모- 이찌넨니 나리마스요

A: まだ不便なところはありませんか。
마다 후벤나 도꼬로와 아리마셍까

B: はい、ここの生活もずいぶん慣れてきましたよ。
하이, 고꼬노 세-까쯔모 즈이분 나레떼기마시따요

A: 한국 생활은 어때요?

B: 여기 생활도 벌써 1년이 되어요.

A: 아직 불편한 점은 없습니까?

B: 예, 여기 생활도 무척 익숙해졌어요.

학습포인트!

동사에 접속조사 て가 이어진 형태에 보조동사 くる(오다)가 접속한 ~て くる는 '~해오다, ~해지다'의 뜻으로 앞서 배운 ~ていく와는 반대로 어떤 상태로 변화되어 오는 과정을 나타냅니다. 보조동사로 쓰일 때는 来る(오다)라고 한자로 표기하지 않습니다. 정격동사는 어간이 변하지 않지만, 来る는 변격동사로 다른 말이 접속하여 활용할 때 어간이 변합니다.

199

~から

~이(하)니까, ~이어(해)서

▶ 녹음을 듣고 소리내어 읽어볼까요?

깨지기 쉬운 물건이니까 주의했습니다.

壊れやすい物だから注意しました。

고와레야스이 모노다까라 츄-이시마시다

から는 뒤의 사항의 주관적인 원인이나 이유를 나타낸다

조용해서 무척 살기 좋습니다.

静かだから、とても住みやすいです。

시즈까다까라, 도떼모 스미야스이데스

住む 살다

9시부터 수업이니까 서둘러서 갑시다.

9時から授業ですから、急いで行きましょう。

쿠지까라 쥬교-데스까라, 이소이데 이끼마쇼-

비가 내리니까 산책은 그만둡시다.

雨が降っているから、散歩は止めましょう。

아메가 훗떼 이루까라, 삼뽀와 야메마쇼-

거기 레스토랑은 싸니까 자주 갑니다.

あそこのレストランは安いから、よく行きます。

아소꼬노 레스토랑와 야스이까라, 요꾸 이끼마스

볼일이 있어서 좀 늦게 갑니다.

用事があるから、ちょっと遅れて行きます。

요-지가 아루까라, 촛또 오꾸레떼 이끼마스

말해볼까요?

A: **あした、うちにいませんか。**
아시따, 우찌니 이마셍까

B: **あしたは暇^{ひま}だから、うちにいます。**

B: **あしたは暇だから、うちにいます。**
아시따와 히마다까라, 우찌니 이마스

A: **では、どこへも出かけませんか。**
데와, 도꼬에모 데카께마셍까

B: **いいえ、家内と買い物に出かけます。**
이-에, 카나이또 가이모노니 데카께마스

A: 내일 집에 없습니까?

B: 내일은 쉬니까 집에 있습니다.

A: 그럼 어디에도 나가지 않습니까?

B: 아니오, 아내와 쇼핑을 나갑니다.

 학습포인트!

활용어(동사, 형용사, 형용동사, 조동사)에 접속하는 から는 우리말의 '~하니까, ~하므로, ~해서' 등의 뜻으로 뒤의 사항의 원인이나 이유를 말하며, 접속조사로 쓰이는 から는 주로 말하는 사람의 주관적인 원인이나 이유를 나타냅니다. 단정을 나타내는 だ(です)에 から가 접속되면 '~이니까, ~이므로'의 뜻으로 ~だから보다 ~ですから가 정중한 표현입니다.

~ので
~이기(하기)때문에, ~이(하)므로

 녹음을 듣고 소리내어 읽어볼까요?

아침부터 비가 와서 나가지 않습니다.

朝から雨なので、出かけません。

아사까라 아메나노데, 데카께마셍

> ので는 뒤의 사항의 객관적인 원인이나 이유를 나타낸다

맛있는 빵집이기 때문에 잘 팔립니다.

おいしいパン屋さんなので、よく売れます。

오이시- 팡야산나노데, 요꾸 우레마스

> ので가 명사에나 형용동사에 접속할 때는 なので의 형태를 취한다

교통이 불편해서 택시로 갑니다.

交通が不便なので、タクシーで行きます。

코-쯔-가 후벤나노데, 타쿠시-데 이끼마스

피곤해서 집에 가서 쉬겠습니다.

疲れましたので、家に帰って休みます。

쓰까레마시따노데, 이에니 가엣떼 야스미마스

> 疲れる 피곤하다, 지치다

이 케이크는 맛있어서 인기가 있습니다.

このケーキはおいしいので、人気があります。

고노 케-키와 오이시-노데, 닝끼가 아리마스

요즘 더워서 몸이 안 좋습니다.

最近、暑いですので、体の具合がよくありません。

사이낑, 아쯔이데스노데, 가라다노 구아이가 요꾸 아리마셍

말해볼까요?

A: ここは家賃も安いですね。
고꼬와 야찜모 야스이데스네

B: はい、交通が不便なので少し安いほうです。
하이, 코-쯔-가 후벤나노데 스꼬시 야스이 호-데스

A: 夜は静かですか。
요루와 시즈까데스까

B: もちろんです。とても静かです。
모찌론데스. 도떼모 시즈까데스

A: 여기는 집세도 싸군요.

B: 네, 교통이 불편하기 때문에 좀 싼 편입니다.

A: 밤에는 조용합니까?

B: 물론입니다. 매우 조용합니다.

 학습포인트!

활용어에 접속하는 ので는 우리말의 '~이므로, ~때문에' 등의 뜻으로 뒤의 사항의 원인이나 이유를 말하며, 접속조사로 쓰이는 ので는 주로 말하는 사람의 객관적인 원인이나 이유를 나타냅니다. 회화체에서는 んで로 쓰이기도 하며, 명사나 형용동사에 ので가 접속할 때는 な가 삽입되어 ~なので 형태를 취합니다. 이때는 '~이므로, ~때문에'로 해석합니다.

~のに
~한(인)데도

🔊 녹음을 듣고 소리내어 읽어볼까요?

아직 학생인데 공부를 하지 않습니다.

ⓥ ⓟ ⓟ

まだ学生なのに、勉強をしません。
がくせい　　　　　べんきょう

마다 각세-나노니, 벵꾜-오 시마셍

*のには 활용어에 접속하여 예기치 못한 동작이나 작용의 결과에

나카무라 씨는 몸이 불편한데 왔습니다.

ⓟ ⓟ ⓟ

中村さんは体が不便なのに来ました。
なかむら　　からだ　ふ べん　　　き

나까무라상와 가라다가 후벤나노니 기마시다

대해서 의문의 기분이나 유감스런 기분을 나타낸다

아직 감기가 낫지 않았습니다. 푹 쉬었는데도요.

ⓟ ⓟ ⓟ

まだ風邪が治りません。ぐっすり休みましたのに。
か ぜ　　なお　　　　　　　　　　　　やす

마다 카제가 나오리마셍. 굿스리 야스미마시따노니

반년밖에 배우지 않았는데 영어를 말합니다.

ⓟ ⓟ ⓟ

半年しか習っていないのに英語を話します。
はんとし　　なら　　　　　　　えいご　はな

한또시시까 나랏떼 이나이노니 에-고오 하나시마스

習う 배우다, 익히다

오늘은 더운데도 스웨터를 입고 있습니다.

ⓟ ⓟ ⓟ

今日は暑いのにセーターを着ています。
きょう　あつ　　　　　　　　　　き

쿄-와 아쯔이노니 세-타-오 기떼 이마스

하지만, 약을 먹고 있는데 괜찮을까요?

ⓟ ⓟ ⓟ

でも、薬を飲んでいるのに大丈夫でしょうか。
くすり　の　　　　　　　だいじょうぶ

데모, 구스리오 논데 이루노니 다이죠-부데쇼-까

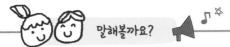

말해볼까요?

A: 木村さんは風邪が治りましたか。
기무라상와 카제가 나오리마시다까

B: いいえ、まだ治っていません。
이-에, 마다 나옷떼 이마셍

A: 今日も会社を休みませんでしたか。
쿄-모 카이샤오 야스미마센데시다까

B: はい、まだ熱があるのに、会社へ行きました。
하이, 마다 네쯔가 아루노니, 카이샤에 이끼마시다

A: 기무라 씨는 감기가 나았습니까?

B: 아니오, 아직 낫지 않았습니다.

A: 오늘도 회사를 쉬지 않았습니까?

B: 네, 아직 열이 있는데도 회사에 갔습니다.

학습포인트!

활용어(동사, 형용사, 형용동사, 조동사)에 접속하는 조사 のに가 접속하면 '~한데(도)'의 뜻으로 예기치 못한 동작이나 작용의 결과에 대해서 의문의 기분이나 유감스런 기분을 나타냅니다. 명사나 형용동사에 のに가 접속할 때는 な가 삽입되어 ~なのに 형태를 취하며, 이때는 '~인데도, ~한데도'로 해석합니다. 学生なのに, 不便なのに, 飲んでいるのに

~のために
~(을)를 위해서/ ~하기 위해서

 녹음을 듣고 소리내어 읽어볼까요?

나는 가족을 위해 일하고 있습니다.

わたしは家族のために働いています。

와따시와 카조꾸노 다메니 하따라이떼 이마스

명사에 접속하는 ~のためには '~을 위하여'의 뜻으로 목적을 나타낸다

건강을 위해 조금 운동하고 있습니다.

健康のために、少し運動しています。

켕꼬-노 다메니, 스꼬시 운도-시떼 이마스

고양이를 위한 동물병원이 있습니다.

猫のための動物病院があります。

네꼬노 다메노 도-부쯔뵤-잉가 아리마스

뒤의 명사에 이어질 때는 ~のための(~을 위한)의 형태를 취한다

장래를 위해 저축하고 있습니다.

将来のために、貯蓄しています。

쇼-라이노 다메니, 쵸찌꾸시떼 이마스

여기 사람들은 놀기 위해 아르바이트를 하고 있습니다.

ここの人たちは遊ぶためにアルバイトをしています。

고꼬노 히또타찌와 아소부다메니 아루바이토오 시떼 이마스

돈을 빌리기 위해 찾아왔습니다.

お金を借りるために、訪ねてきました。

오까네오 가리루 다메니, 다즈네떼 기마시다

활용어에 접속할 때는 の를 붙이지 않으며 に를 생략하기도 한다

말해볼까요?

A: 素敵な洋服ですね。
스떼끼나 요-후꾸데스네

B: 今日のために特別にデパートで買いました。
쿄-노 다메니 토꾸베쯔니 데파-토데 가이마시다

A: 今日、何かいいことでもありますか。
쿄-, 낭까 이- 고또데모 아리마스까

B: はい、彼女とデートがあります。
하이, 카노죠또 데-토가 아리마스

A: 멋진 옷이군요.

B: 오늘은 위해 특별히 백화점에서 샀습니다.

A: 오늘 무슨 좋은 일이라도 있습니까?

B: 네, 그녀와 데이트가 있어요.

학습포인트!

ために는 명사나 활용어에 접속하여 목적, 원인이나 이유, 이익을 나타냅니다. ために가 명사에 접속할 때는 の를 매개로 ~のために의 형태로 쓰입니다. 또한 ~(の)ために는 に를 생략하고 쓰는 경우가 많습니다. 여기서처럼 ~(の)ために가 목적의 용법으로 쓰일 때는 우리말의 '~(을) 하기 위해서'라는 뜻을 나타냅니다.

今日のために(오늘을 위해), 遊ぶために(놀기 위해)

Unit
20

~のために
~이기 때문에 / ~하기 때문에

▶ 녹음을 듣고 소리내어 읽어볼까요?

병 때문에 학교를 쉬었습니다.

病気のため学校を休みました。

묘-끼노 다메 각꼬-오 야스미마시다

~(の)ために는 뒤에 오는 사항의 원인이나 이유를 나타내기도 한다

일 때문에 쉴 수가 없습니다.

仕事のため、休むことができません。

시고또노 다메, 야스무 고또가 데끼마셍

동사 기본형에 ことができる가 접속하면 '~할 수가 있다'의 뜻이 된다

버스가 늦게 와서 지각했습니다.

バスが遅れて来るため遅刻しました。

바스가 오꾸레떼 구루다메 치꼬꾸시마시다

遅れる 늦다

멀어서 아침 일찍 집을 나왔습니다.

遠いため朝早く家を出ました。

도-오이다메 아사하야꾸 이에오 데마시다

토마토를 싫어해서 토마토케첩도 먹지 않습니다.

トマトが嫌いなためトマトケチャップも食べません。

토마토가 기라이나다메 토마토케챂푸모 다베마셍

형용동사에의 경우는 ~なために가 된다

소풍은 비 때문에 중지했습니다.

遠足は雨のために中止しました。

엔소꾸와 아메노 다메니 츄-시시마시다

말해볼까요?

A: きのう、スマートホンを賞いましたか。
기노-, 스마-토홍오 가이마시다까

B: いいえ、買いませんでした。
이-에, 가이마센데시다

A: あの店は閉まっていましたか。
아노 미세와 시맛떼 이마시다까

B: はい、旅行のため、あすまで休みます。
하이, 료꼬-노 다메, 아스마데 야스미마스

A: 어제 스마트폰을 샀습니까?

B: 아니오, 사지 않았습니다.

A: 그 가게는 닫혀 있었습니까?

B: 네, 여행 때문에 내일까지 쉽니다.

 학습포인트!

ために는 명사나 활용어에 접속하여 목적을 나타낼 뿐만 아니라 여기서 처럼 원인이나 이유를 나타내는 용법으로 쓰일 때는 우리말의 '~(이기)하기 때문에'의 뜻을 나타냅니다. ために가 명사에 접속할 때는 の를 매개로 ~のために의 형태로 쓰이며, 형용동사에 접속할 때는 ~なために의 형태 가 됩니다. 또한 ~(の)ために는 に를 생략하고 쓰는 경우가 많습니다.

처음 시작하는
일본어 첫걸음

PART 06

부정표현과 요구표현

동사 부정형

형용사 부정형

형용동사 부정형

단정의 부정형

기초 일본어 문법

▶ 1단동사, 변격동사 ~ない

1단동사의 부정형은 ます가 접속될 때와 마찬가지로 어미 る가 탈락되고 부정어 ない가 접속합니다. 변격동사 くる는 こない로, する는 しない로 각기 어간과 어미가 변합니다.

기본형	의 미	부정형	의 미
起(お)きる	일어나다	起きない	일어나지 않다
食(た)べる	먹다	食べない	먹지 않다
来(く)る	오다	こない	오지 않다
する	하다	しない	하지 않다

▶ 5단동사 ~ない

동사의 부정형은 ない가 접속된 형태를 말합니다. 이 때 ない는 '없다'는 뜻이 아니라 '~(하)지 않다' 의 뜻으로 부정을 나타냅니다, 또한 5단동사의 부정형은 어미 う단이 あ단으로 바뀌어 ない가 접속 됩니다. 단, 어미가 う인 경우는 わない로 활용을 한다.

기본형	의 미	부정형	의 미
行(い)く	가다	行かない	가지 않다
泳(およ)ぐ	헤엄치다	泳がない	헤엄치지 않다
待(ま)つ	기다리다	待たない	기다리지 않다
乗(の)る	타다	乗らない	타지 않다
言(い)う	말하다	言わない	말하지 않다
読(よ)む	읽다	読まない	읽지 않다
飛(と)ぶ	날다	飛ばない	날지 않다
死(し)ぬ	죽다	死なない	죽지 않다
話(はな)す	이야기하다	話さない	이야기하지 않다

▶ 형용사 ~くない

형용사의 부정형은 ~くない입니다. 앞서 배운 정중한 부정 표현인 ~くありません과 동일하게 어미 い가 く로 바뀌어 부정어 ない가 접속합니다.

기본형	의 미	부정형	의 미
赤(あか)い	빨갛다	赤くない	빨갛지 않다
大(おお)きい	크다	大きくない	크지 않다
寒(さむ)い	춥다	寒くない	춥지 않다
遠(とお)い	멀다	遠くない	멀지 않다

▶ 형용동사 ~ではない

형용동사의 부정형은 ~ではない입니다. 구어체에서는 보통 ~じゃない로 말하며, 부정형에 です를 접속하면 ~では(じゃ)ありません과 동일한 의미가 됩니다.

기본형	의 미	부정형	의 미
静(しず)かだ	조용하다	静かではない	조용하지 않다
有名(ゆうめい)だ	유명하다	有名ではない	유명하지 않다
便利(べんり)だ	편리하다	便利ではない	편리하지 않다
好(す)きだ	좋아하다	好きではない	좋아하지 않다

▶ 명사 ~ではない

정중한 단정을 나타내는 です의 보통체인 だ의 부정형은 ~ではない입니다. 구어체에서는 보통 ~じゃない로 말하며, 부정형에 です를 접속하면 ~では(じゃ)ありません과 동일한 의미가 됩니다. 참고로 문어체에서는 だ보다는 である를 씁니다.

기본형	의 미	부정형	의 미
学生(がくせい)だ	학생이다	学生ではない	학생이 아니다
先生(せんせい)だ	선생이다	先生ではない	선생이 아니다
時計(とけい)だ	시계다	時計ではない	시계가 아니다
テレビだ	텔레비전이다	テレビではない	텔레비전이 아니다

(1단동사)~ない
~하지 않다

▶ 녹음을 듣고 소리내어 읽어볼까요?

요시무라 씨는 양복을 입지 않는다.

<ruby>吉<rt>よし</rt></ruby><ruby>村<rt>むら</rt></ruby>さんは<ruby>背<rt>せ</rt></ruby><ruby>広<rt>びろ</rt></ruby>を<ruby>着<rt>き</rt></ruby>ない。

요시무라상와 시비로오 기나이

ない는 본래 '없다'라는 뜻의 형용사이지만, 이처럼 다른 말에

창문은 안 닫았니?

<ruby>窓<rt>まど</rt></ruby>は<ruby>閉<rt>し</rt></ruby>めなかったの?

마도와 시메나깟따노

접속되어 쓰일 때는 '~하지 않다'라는 뜻으로 부정을 나타낸다

뉴스를 보지 않는 날도 있습니다.

ニュースを<ruby>見<rt>み</rt></ruby>ない<ruby>日<rt>ひ</rt></ruby>もあります。

뉴-스오 미나이 히모 아리마스

외국인에게 일본어를 가르치지 않습니다.

<ruby>外<rt>がい</rt></ruby><ruby>国<rt>こく</rt></ruby><ruby>人<rt>じん</rt></ruby>に<ruby>日<rt>に</rt></ruby><ruby>本<rt>ほん</rt></ruby><ruby>語<rt>ご</rt></ruby>を<ruby>教<rt>おし</rt></ruby>えないです。

가이코꾸진니 니홍고오 오시에나이데스

教えないです＝教えません

맛없으니까 안 먹을래.

まずいから<ruby>食<rt>た</rt></ruby>べないよ。

마즈이까라 다베나이요

まずい 맛없다

그녀는 아파트에 없었어.

<ruby>彼<rt>かの</rt></ruby><ruby>女<rt>じょ</rt></ruby>はアパートにいなかったよ。

카노죠와 아파-토니 이나깟따요

무생물의 존재를 나타내는 ある의 부정어는 ない(없다)이다

x

말해볼까요?

A: このパン、食(た)べる?

고노 팡, 다베루

B: いや、食(た)べないよ。

이야, 다베나이요

A: どうして?

도-시떼

B: まずいから食(た)べないわ。

마즈이까라 다베나이와

A: 이 빵 먹을래?

B: 아니, 안 먹을래.

A: 왜?

B: 맛없으니까 안 먹을래.

학습포인트!

1단동사의 부정형은 앞서 배운 ます가 접속될 때와 마찬가지로 어미 る가 탈락되어 부정어 ない가 접속됩니다. ない는 본래 '없다'라는 뜻의 형용사이지만, 이처럼 다른 말에 접속되어 쓰일 때는 '아니다'라는 뜻으로 부정을 나타냅니다. 부정의 뜻을 나타내는 ~ない는 ~ません으로 정중한 부정의 뜻을 나타냅니다. 見る → 見ない, 寝る → 寝ない

Unit 02

(5단동사)~か·が·わ·さ·た·ら ない
~하지 않다

🔊 녹음을 듣고 소리내어 읽어볼까요?

오늘은 회사에 가지 않는다. ✔ ⑦ ⑦

今日は会社へ行かない。
쿄-와 카이샤에 이까나이

5단동사에 ない가 접속할 때는 어미가 あ단으로 바뀐다

그녀는 풀장에서 헤엄치지 않는다. ⑦ ⑦ ⑦

彼女はプールで泳がない。
카노죠와 푸-루데 오요가나이

이 가게에서는 아무 것도 사지 않았다. ⑦ ⑦ ⑦

この店では何も買わなかった。
고노 미세데와 나니모 가와나깟따

왜 리포트를 내지 않니? ⑦ ⑦ ⑦

どうしてレポートを出さないの。
도-시떼 레포-토오 다사나이노

그는 아무도 기다리지 않습니다. ⑦ ⑦ ⑦

彼は誰も待たないです。
카레와 다레모 마따나이데스

비가 전혀 내리지 않았습니다. ⑦ ⑦ ⑦

雨が全然降らなかったです。
아메가 젠젠 후라나깟따데스

降らなかったです＝降りませんでした

216

말해볼까요?

A: **あす、どこかへ行^いく?**
아스, 도꼬까에 이꾸

B: **ううん、どこへも行^いかないよ。**
우웅, 도꼬에모 이까나이요

A: **じゃ、何^{なに}をする?**
쟈, 나니오 스루

B: **うちで休^{やす}むわ。**
우찌데 야스무와

A: 내일 어딘가에 가니?

B: 아니, 아무 데도 안 가.

A: 그럼 무얼 할 거니?

B: 집에서 쉴 거야.

학습포인트!

어미가 く ぐ う す つ る인 5단동사의 부정형은 あ단(か が わ さ た ら)으로 바뀌어 부정을 나타내는 ない가 접속합니다. 단, 어미가 う인 경우는 ~あない가 아니라 ~わない로 활용합니다.

行く(가다) → 行かない, 泳ぐ(헤엄치다) → 泳がない

言う(말하다) → 言わない, 話す(이야기하다) → 話さない

待つ(기다리다) → 待たない, 乗る(타다) → 乗らない

Unit 03

(5단동사)~な·ば·まない/こない·しない
~하지 않다

▶ 녹음을 듣고 소리내어 읽어볼까요?

죽지 않는 생물은 없습니다.

死なない生き物はありません。
시나나이 이끼모노와 아리마셍

동사의 ます형에 物가 접속하면 '~하는 것'을 나타낸다

하늘을 날지 않는 새도 있습니다.

空を飛ばない鳥もいます。
소라오 도바나이 도리모 이마스

술은 마시지 않겠습니다.

お酒を飲まないです。
오사께오 노마나이데스

飲まないです=飲みません

나는 집에서 아무 것도 하지 않는다.

僕はうちで何もしない。
보꾸와 우찌데 나니모 시나이

する 하다 / します, しない

요시무라 씨는 학교에 오지 않나요?

吉村さんは学校へ来ないんですか。
요시무라상와 각꼬-에 고나인데스까

くる 오다 / きます, こない

그는 오늘도 집에 가지 않는다.

彼は今日も家に帰らない。
카레와 쿄-모 이에니 가에라나이

말해볼까요?

A: ここで遊^{あそ}ぶ?

고꼬데 아소부

B: ううん、遊^{あそ}ばないわよ。

우-웅, 아소바나이와요

A: どこで遊^{あそ}ぶ?

도꼬데 아소부

B: 今日^{きょう}はうちへ早^{はや}く帰^{かえ}るわ。

쿄-와 우찌에 하야꾸 가에루와

A: 여기서 놀래?

B: 아니, 안 놀래.

A: 어디서 놀래?

B: 오늘은 집에 일찍 갈래.

학습포인트!

동사의 어미가 む ぶ ぬ로 끝나는 5단동사의 부정형도 각각 あ단인 ま ば な로 바뀌어 부정어 ない가 접속합니다. 부정어 ない는 형용사와 동일하게 활용하며, 동사의 부정형에 です를 접속하면 정중한 부정을 나타내는 ~ません과 같은 의미가 됩니다. 또한 동사의 부정형은 형용사의 연체형과 마찬가지로 ~ない 상태로 뒤의 체언을 수식합니다.

Unit 04

(형용사)~くない
~하지 않다

▶ 녹음을 듣고 소리내어 읽어볼까요?

이 디카는 비싸지 않아.

このデジカメは高くないよ。

고노 데지카메와 다카꾸 나이요

형용사의 부정형은 어미 い를 く로 바꾸고 부정어 ない를 접속한다

집에서 역까지는 별로 멀지 않다.

家から駅まではあまり遠くない。

이에까라 에끼마데와 아마리 도-꾸나이

여기 겨울은 별로 춥지 않습니다.

ここの冬はあまり寒くないです。

고꼬노 후유와 아마리 사무꾸 나이데스

寒くないです = 寒くありません

싸지 않은 물건은 사지 않는다.

安くない品物は買わない。

야스꾸 나이 시나모노와 가와나이

올 겨울은 별로 춥지 않았다.

今年の冬はあんまり寒くなかった。

고또시노 후유와 암마리 사무꾸 나깟따

あんまり는 あまり의 강조 표현이다

영어 문제는 어렵지 않았습니다.

英語の問題は難しくなかったです。

에-고노 몬다이와 무즈까시꾸 나깟따데스

難しくなかったです = 難しくありませんでした

말해볼까요?

A: あの漫画、面白い?
아노 망가, 오모시로이

B: ううん、あんまり面白くないよ。
우웅, 암마리 오모시로꾸 나이요

A: じゃ、あの映画はどう?
쟈, 아노 에-가와 도-

B: 本当に面白いよ。
혼또-니 오모시로이요

A: 그 만화 재밌니?

B: 아니, 별로 재미없어.

A: 그럼, 그 영화는 어때?

B: 정말 재밌어.

 학습포인트!

형용사의 부정형도 앞서 배운 정중한 부정표현인 ~くありません(~하지 않습니다)과 마찬가지로 어미 い가 く로 바뀌어 부정어 ない가 접속된 ~くない(~하지 않다)의 형태를 취합니다. ~くない는 형용사와 마찬가지로 그 자체로 문장을 끝맺기도 하고 뒤의 명사를 수식하기도 합니다. 또한 ~くない에 です를 접속하면 ~くありません과 같은 뜻이 됩니다.

221

(명사·형용동사)~ではない
~하지 않다

▶ 녹음을 듣고 소리내어 읽어볼까요?

저 사람은 일본인이 아니다.

あの人は日本人ではない。
아노 히또와 니혼진데와 나이

~です(~입니다)의 보통체인 ~だ(~이다)의 부정형은 ~ではない이다

여기 교통은 편하지는 않다.

ここの交通は便利じゃない。
고꼬노 코-쯔-와 벤리쟈 나이

~ではない는 회화체에서는 ~じゃない로 줄여 쓴다

저 가수는 그다지 유명하지 않습니다.

あの歌手はあまり有名ではないです。
아노 카슈와 아마리 유-메-데와 나이데스

~ではないです = ~ではありません

그는 깨끗하지 않는 아파트에 살고 있습니다.

彼はきれいではないアパートで住んでいます。
카레와 기레-데와 나이 아파-토데 슨데 이마스

그 호텔 사람은 친절하지 않았다.

あのホテルの人は親切ではなかった。
아노 호테루노 히또와 신세쯔데와 나깟따

야마다 씨는 소박하지 않았습니다.

山田さんは素朴じゃなかったです。
야마다상와 소보꾸쟈 나깟따데스

~じゃなかったです +~じゃありませんでした

말해볼까요?

A: **このワンピースはどう?**
고노 왐피-스와 도-

B: **いいね、でもちょっと派手じゃない?**
이-네, 데모 춋또 하데쟈 나이

A: **あ、そうなの。この洋服はどう?**
아, 소-나노. 고노 요-후꾸와 도-

B: **ちょっと地味すぎるんじゃない?**
춋또 지미스기룬쟈 나이

A: 이 원피스 어때?

B: 좋아, 근데 좀 화려하지 않니?

A: 아, 그러니? 이 옷은 어때?

B: 좀 너무 수수하지 않니?

 학습포인트!

형용동사나 명사의 부정형도 앞서 배운 정중한 부정표현인 ~ではありません과 마찬가지로 부정어 ない가 접속될 때도 ~ではない의 형태를 취합니다. ~ではない는 그 자체로 문장을 끝맺기도 하고 뒤의 명사를 수식하기도 합니다. 또한 ~ではない에 です를 접속하면 ~ではありません과 같은 뜻이 되며, 마찬가지로 회화에서는 ~じゃない로 줄여서 쓰기도 합니다.

(동사)~ないで
~하지 않고(말고)

▶ 녹음을 듣고 소리내어 읽어볼까요?

껍질을 벗기지 않고 사과를 먹습니다.

皮をむかないでりんごを食べます。

카와오 무까나이데 링고오 다베마스

*ないで는 다른 동작이나 상태에 이어질 때에 주로 쓰인다

그는 안전벨트를 하지 않고 차를 운전합니다.

彼はシートベルトをしないで車を運転します。

카레와 시-토베루토오 시나이데 구루마오 운뗀시마스

한눈도 팔지 않고 공부하고 있습니다.

脇目も振らないで勉強しています。

와끼메오 후라나이데 벵꾜-시떼 이마스

脇目を振る 한눈을 팔다

울지 말고 이유를 말해요.

泣かないで、訳を話してよ。

나까나이데, 와께오 하나시떼요

~てよ ~해요

내 옆에 오지 마요.

わたしの近くに来ないでよ。

와따시노 치카꾸니 고나이데요

~ないでよ ~하지 마요

우산을 안 갖고 학교에 갔습니다.

傘を持たないで学校へ行きました。

카사오 모따나이데 각꼬-에 이끼마시다

말해볼까요?

A: 今日も雨なの?
쿄-모 아메나노

B: うん、雨なのに、傘も持たないで出かけたよ。
웅, 아메나노니, 카사모 모따나이데 데카께따요

A: あしたの約束は何時なの?
아시따노 약소꾸와 난지나노

B: 午後6時だよ。時間に遅れないで。
고고 로꾸지다요. 지깐니 오꾸레나이데

A: 오늘도 비가 오니?

B: 응, 비가 오는데도 우산도 안 가지고 외출했어.

A: 내일 예약은 몇 시니?

B: 오후 6시야. 시간 늦지 말고.

 학습포인트!

동사의 부정형에 で를 접속한 ないで는 우리말의 '~하지 않고, ~하지 말고'의 뜻으로 다른 동작이나 상태에 이어질 때에 주로 쓰이며, 문장체에서 ずに로도 쓰이고 있습니다. 또한 ないで는 문장 끝에 ください, ほしい 따위의 말이 와서 '~하지 말아요(마세요), ~하지 말아다오(주오)'의 뜻으로 완곡한 금지를 바라는 뜻을 나타내기도 합니다.

Unit
07

(동사)~なくて

~하지 않아서

▶ 녹음을 듣고 소리내어 읽어볼까요?

잘 자지 못해서 잠이 부족합니다.

よく眠れなくて、寝不足です。

요꾸 네무레나꾸떼, 네부소꾸데스

*~なくて는 앞에 오는 사항이 뒤에 오는 사항의

밥을 먹지 않아 난처합니다.

ご飯を食べなくて、困っています。

고항오 다베나꾸떼, 고맛떼 이마스

이유나 원인을 나타낼 때 주로 쓰인다

전차가 붐비지 않아서 다행이었습니다.

電車が混まなくて、助かりました。

덴샤가 고마나꾸떼, 다스까리마시다

助かる 도움이 되다, 구조되다

친구가 없어서 혼자서 있습니다.

友達がいなくて、一人でいます。

도모다찌가 이나꾸떼, 히또리데 이마스

생물의 존재를 나타내는 いる(있다)의 부정형은 いない이다

물이 나오지 않아서 밥도 못 짓습니다.

水が出なくて、ご飯も作れません。

미즈가 데나꾸떼, 고항모 쓰꾸레마셍

ご飯を作る 밥을 짓다

운동을 하지 않아서 몸이 나빠졌습니다.

運動をしなくて、体が悪くなりました。

운도-오 시나꾸떼, 가라다가 와루꾸 나리마시다

말해볼까요?

A: 先月、何かあったの?
せんげつ　なに

셍게쯔, 나니까 앗따노

B: 交通事故があったよ。
こうつう　じ　こ

코-쯔-지꼬가 앗따요

A: 命にかかわらなくてよかったね。
いのち

이노찌니 가까와라나꾸떼 요깟따네

B: 不幸中の幸いだった。
ふ こうちゅう　さいわ

후꼬-쮸-노 사이와이닷따

A: 지난달 무슨 일 있었니?

B: 교통사고가 있었어.

A: 목숨은 잃지 않아서 다행이야.

B: 불행 중 다행이었어.

학습포인트!

동사의 부정형에 접속조사 て가 이어진 ~なくて의 형태는 앞서 배운 ~な いで와는 달리 '~하지 않아서'의 뜻으로 앞에 오는 사항이 뒤에 오는 사항 의 이유나 원인을 나타낼 때 주로 쓰입니다. 본래 ない는 '없다'의 뜻을 가 진 형용사로 무생의물의 존재를 나타내는 ある(있다)의 반대말입니다. 따 라서 なくて의 형태로 단독으로 쓰이면 '없어서'의 뜻이 됩니다.

Unit 08

(동사)~てもいい

~해도 된다

 녹음을 듣고 소리내어 읽어볼까요?

사진을 찍어도 됩니까?

写真を撮ってもいいですか。

샤싱오 돗떼모 이-데스까

> ~てもいい는 '~해도 좋다'는 허가나 허용을 나타낸다

이 책을 빌려 읽어도 됩니까?

この本を借りて読んでもいいですか。

고노 홍오 가리떼 욘데모 이-데스까

점심을 먹어도 됩니까?

お昼ご飯を食べてもいいですか。

오히루고항오 다베떼모 이-데스까

조금 빨리 돌아가도 됩니까?

少し早く帰ってもいいですか。

스꼬시 하야꾸 가엣떼모 이-데스까

방에 들어가도 상관없다.

部屋に入ってもかまわない。

헤야니 하잇떼모 가마와나이

> ~てもいい와 비슷한 표현으로는 ~てもかまわない가 있다

자유롭게 사용해도 괜찮아요.

自由に使ってもかまいませんよ。

지유-니 쓰깟떼모 가마이마셍요

> かまう 상관하다, 관계하다

말해볼까요?

A: 今日は少し早く帰ってもいいですか。
쿄-와 스꼬시 하야꾸 가엣떼모 이-데스까

B: ええ、いいですよ。
에-, 이-데스요

A: 夜遅く、電話してもいいですか。
요루오소꾸, 뎅와시떼모 이-데스까

B: ええ、いつでもかまいません。
에-, 이쯔데모 가마이마셍

A: 오늘은 좀 일찍 돌아가도 됩니까?

B: 예, 좋아요.

A: 밤늦게 전화해도 됩니까?

B: 예, 언제든지 괜찮습니다.

학습포인트!

동사나 형용사, 형용동사, 조동사에 접속조사 て(で)가 이어진 형태에 조사 も를 합친 て(で)も(~해도)에 '좋다'는 뜻을 가진 형용사 いい를 접속한 ~て(で)もいい의 형태는 우리말의 '~해도 좋다'로 허가나 허용을 나타냅니다. 명사에 접속하는 ~でもいい는 '~이라도 괜찮다'의 뜻이 되며, 이와 비슷한 표현으로 ~て(で)もかまわない(~해도 상관없다)가 있습니다.

Unit 09 (동사)~なくてもいい

~하지 않아도 된다

▶ 녹음을 듣고 소리내어 읽어볼까요?

당신은 가지 않아도 됩니다.

あなたは行かなくてもいいです。

아나따와 이까나꾸떼모 이-데스

~なくてもいいは '~하지 않아도 된다'는 뜻의 불필요를 나타낸다

앞으로 걱정하지 않아도 돼요.

これから心配しなくてもいいですよ。

고레까라 심빠이시나꾸떼모 이-데스요

心配する 걱정하다

오늘은 요리를 하지 않아도 됩니다.

今日は料理をしなくてもいいです。

쿄-와 료-리오 시나꾸떼모 이-데스

당신은 오지 않아도 상관없다.

あなたは来なくてもかまわない。

아나따와 고나꾸떼모 가마와나이

~なくてもかまわない ~하지 않아도 상관없다

룸에 욕실은 딸려있지 않아도 괜찮습니다.

ルームにお風呂は付いていなくてもかまいません。

루-무니 오후로와 쓰이떼 이나꾸떼모 가마이마셍

현금으로 보내지 않아도 상관없습니다.

現金で送らなくてもかまいません。

겡낑데 오꾸라나꾸떼모 가마이마셍

230

말해볼까요?

A: **結婚式には、何を着ますか。**
겍꼰시끼니와, 나니오 기마스까

B: **洋服を着てもいいです。**
요-후꾸오 기떼모 이-데스

A: **着物は着ませんか。**
기모노와 기마셍까

B: **はい、着物は着なくてもいいです。**
하이, 기모노와 기나꾸떼모 이-데스

A: 결혼식에는 무엇을 입습니까?

B: 양복을 입어도 됩니다.

A: 기모노는 입지 않습니까?

B: 네, 기모노는 입지 않아도 됩니다.

 학습포인트!

동사나 형용사 등 활용어의 부정형에 접속한 ~なくてもいい는 우리말의 '~하지 않아도 된다'는 뜻의 불필요의 표현을 만듭니다. 명사에 접속하여 단정을 나타내는 조동사 だ의 부정형인 ~で(は)ない에 ~で(は)なくても いい는 '~이(가) 아니어도 된다'라는 뜻을 나타냅니다. 이와 비슷한 표현 으로 ~なくてもかまわない(~하지 않아도 상관없다)가 있습니다.

Unit 10

(동사)~てはいけない

~해서는 안된다

▶ 녹음을 듣고 소리내어 읽어볼까요?

수업에 늦어서는 안 됩니다.

授業に遅れてはいけません。

쥬교-니 오꾸레떼와 이께마셍

~てはいけない는 상대방의 어떤 행위를 강하게 금지하는 표현이 된다

여기서 잡담을 해서는 안 된다.

ここでおしゃべりをしてはいけない。

고꼬데 오샤베리오 시떼와 이께나이

'안 된다'의 뜻을 가지 いけない의 정중체는 いけません이다

일을 게을리 해서는 안 됩니다.

仕事を怠けてはいけませんよ。

시고또오 나마께떼와 이께마셍요

怠ける 게으름을 피우다

여기서는 사진을 찍어서는 안 됩니다.

ここでは写真を撮ってはいけません。

고꼬데와 샤싱오 돗떼와 이께마셍

写真を撮る 사진을 찍다

사람은 거짓말을 해서는 안 된다.

人は嘘を言ってはならない。

히또와 우소오 잇떼와 나라나이

~てはならない는 객관적인 강한 금지를 나타낼 때 쓰인다

아이를 괴롭혀서는 안 됩니다.

子供を苛めてはなりません。

고도모오 이지메떼와 나리마셍

苛める 괴롭히다

말해볼까요?

A: ここで写真を撮ってもいいですか。

고꼬데 샤싱오 돗떼모 이-데스까

B: はい、撮ってもかまいません。

하이, 돗떼모 가마이마셍

A: ライトを使ってもいいですか。

라이토오 쓰깟떼모 이-데스까

B: いいえ、ここではライトを使ってはいけません。

이-에, 고꼬데와 라이토오 쓰깟떼와 이께마셍

A: 여기서 사진을 찍어도 됩니까?

B: 네, 찍어도 상관없습니다.

A: 라이트를 사용해도 됩니까?

B: 아니오, 여기서는
   라이트를 사용해서는 안 됩니다.

학습포인트!

동사의 て형에 いけない를 접속한 ~てはいけない는 '~해서는 안된다'라는 뜻으로 상대방의 어떤 행위를 강하게 금지하는 표현이 됩니다. 정중한 금지표현을 하고자 할 때는 ~ないでください(~하지 마세요)를 쓰는 것이 좋습니다. 또한 동사의 て형에 조사 なる(되다)의 부정형인 ならない가 접속한 ~てはならない는 ~てはいけない보다 객관적인 금지를 나타냅니다.

(동사)~なさい
~하거라

녹음을 듣고 소리내어 읽어볼까요?

더 쉬거라.

もっと休(やす)みなさい。
못또 야스미나사이

*なさい는 어린이나 친한 아랫사람에게 쓸 수 있는 말로

내일은 일찍 오거라.

あしたは早(はや)く来(き)なさい。
아시따와 하야꾸 기나사이

가벼운 명령이나 요구를 나타낸다

좀 더 확실히 공부해라.

もっとしっかり勉強(べんきょう)しなさい。
못또 식까리 벵꾜-시나사이

なさい는 동사의 ます형에 접속한다

좀 더 큰 소리로 말해라.

もっと大(おお)きな声(こえ)で言(い)いなさい。
못또 오-끼나 고에데 이이나사이

大きな 커다란, 큰

자기 전에는 이를 닦아라.

寝(ね)る前(まえ)には歯(は)を磨(みが)きなさい。
네루 마에니와 하오 미가끼나사이

밥을 먹고 나서 약을 먹어라.

ご飯(はん)を食(た)べてから薬(くすり)を飲(の)みなさい。
고항오 다베떼까라 구스리오 노미나사이

말해볼까요?

A: いつ薬を飲みますか。

이쯔 구스리오 노미마스까

B: 食後に薬を飲みなさい。

쇼꾸고니 구스리오 노미나사이

A: ご飯はあまり食べたくないです。

고항와 아마리 다베따꾸나이데스

B: だめ、残さないで全部食べなさい。

다메, 노꼬사나이데 젬부 다베나사이

A: 언제 약을 먹어요?

B: 식후에 약을 먹어라.

A: 밥은 별로 먹고 싶지 않아요.

B: 안 돼, 남기지 말고 전부 먹어라.

학습포인트!

なさい는 존경의 뜻을 가진 동사 なさる(하시다)의 명령형으로 쓰는 범위는 어린이나 친근한 손아랫사람에게 가벼운 명령을 하거나 요구를 할 때 쓰입니다. 또한 なさい는 동사에 ます가 접속하는 형태에 이어주면 됩니다. 좀더 정중하게 말할 때는 존경의 접두어 お를 접속한 お~なさい의 형태로 말합니다.

行く → 行きなさい, 食べる → 食べなさい, する → しなさい

Unit 12 (동사)~てください

~해 주세요

▶ 녹음을 듣고 소리내어 읽어볼까요?

여기에 주소를 적어 주세요.

ここに住所を書いてください。

고꼬니 쥬-쇼오 가이떼 구다사이

~てくださいた '~해 주세요'의 뜻으로 의뢰나 요구를 나타낸다

다시 한 번 말해 주세요.

もう一度話してください。

모- 이찌도 하나시떼 구다사이

테이블도 치워 주세요.

テーブルも片付けてください。

테-부루모 카따즈케떼 구다사이

片付ける 치우다, 정리하다

다리를 벌리고 서 주세요.

脚を開いて立ってください。

아시오 히라이떼 닷떼 구다사이

立つ 서다

구급차를 불러 주세요.

救急車を呼んでください。

큐-뀨-샤오 욘데 구다사이

여러분, 조용히 해 주세요.

皆さん、静かにしてください。

미나산, 시즈까니 시떼 구다사이

静かにする 조용히 하다

236

말해볼까요?

A: ただいま。
다다이마

B: おかえり。部屋を片付けなさい。
오까에리. 헤야오 카따즈께나사이

A: はい。お母さん、部屋の掃除を手伝ってくださ
いよ。
하이, 오까-상, 헤야노 소-지오 데쓰닷떼 구다사이요

B: 自分のことは自分でしなさい。
지분노 고또와 지분데 시나사이

A: 다녀왔습니다.

B: 어서 오렴. 방을 치워라.

A: 네. 엄마, 방 청소를 거들어주세요.

B: 네 일은 스스로 해라.

학습포인트!

동사의 ます형에 なさい를 접속하면 가벼운 명령이나 요구를 나타내지만, 동사의 て형에 존경의 뜻을 가진 동사 くださる(주시다)의 명령형인 ください를 접속한 ~てください는 우리말의 '~해 주세요'의 뜻으로 의뢰나 요구, 지시, 명령 등을 나타냅니다. 반면 くれる(주다)의 명령형 くれ가 접속한 ~てくれ는 '~해 줘'의 뜻으로 강한 명령이나 요구를 나타냅니다.

お~ください

~해 주십시오

▶ 녹음을 듣고 소리내어 읽어볼까요?

이 약을 드십시오.

この薬をお飲みください。

고노 구스리오 오노미 구다사이

상대방에 대한 권유나 의뢰를 나타낼 때는 보통 ~てください를 쓰지만,

자, 안으로 들어가십시오.

どうぞ、中にお入りください。

도-조, 나까니 오하이리 구다사이

손윗사람이나 정중한 장면에서는 お+동사의 ます형+ください를 쓴다

카드에 성함을 적으십시오.

カードにお名前をお書きください。

카-도니 오나마에오 오카끼 구다사이

접두어 お는 미화어와 존경의 의미로 명사 앞에 붙여 쓴다

저희 집에 묵으십시오.

うちにお泊まりください。

우찌니 오토마리 구다사이

泊まる 머물다, 묵다

10시까지 모여 주십시오.

10時までにお集まりください。

쥬-지마데니 오아쯔마리 구다사이

集まる 모이다

집에서 푹 쉬십시오.

家でぐっすりお休みください。

이에데 굿스리 오야스미 구다사이

ぐっすり休む 푹 쉬다

238

말해볼까요?

A: お好きなドレッシングをお選びください。

오스끼나 도렛싱구오 오에라비쿠다사이

B: そうですね。じゃあ、これをください。

소-데스네. 쟈-, 고레오 구다사이

A: この料理におかけください。

고노 료-리니 오카께쿠다사이

B: はい、どうもありがとう。

하이, 도-모 아리가또-

A: 좋아하시는 드레싱을 고르십시오.

B: 그렇군요. 그럼, 이것을 주세요.

A: 이 요리에 뿌리십시오.

B: 네, 고맙습니다.

 학습포인트!

앞서 배운 것처럼 상대방에 대한 권유나 의뢰를 나타낼 때는 보통 ~てくだ さい의 표현을 쓰지만, 손윗사람에게나 정중한 장면에서는 'お＋동사의 ます형＋ください'의 형태의 표현을 씁니다. 의뢰나 요구, 명령을 나타내 는 표현을 정중 정도에 따라 지금까지 배운 것을 보면 ~てくれ → なさい → お~なさい → ~てください → お~ください로 분류할 수 있습니다.

Unit 14

(동사)~ないでください

~하지 마세요

 녹음을 듣고 소리내어 읽어볼까요?

학교를 쉬지 마세요.

学校を休まないでください。

각꼬-오 야스마나이데 구다사이

*동사의 부정형에 접속하는 ~ないでください는 '~하지 마세요'의

창문을 닫지 마세요.

窓を閉めないでください。

마도오 시메나이데 구다사이

뜻으로 정중한 금지의 요구를 나타낸다

이 안에 들어가지 마세요.

この中に入らないでください。

고노 나까니 하이라나이데 구다사이

入る 들어가(오)다

아무에게도 말하지 마세요.

誰にも言わないでください。

다레니모 이와나이데 구다사이

자리를 뜨지 마세요.

席を立たないでください。

세끼오 다따나이데 구다사이

席を立つ 자리를 뜨다

복도에서는 뛰지 마세요.

廊下では走らないでください。

로-까데와 하시라나이데 구다사이

走る 달리다,

말해볼까요? ♪☆

A: 皆_{みな}さん、ここに入_{はい}らないでください。

미나상, 고꼬니 하이라나이데 구다사이

B: ここは立入禁止_{たちいりきんし}の区域_{くいき}ですか。

고꼬와 타찌이리 킨시노 쿠이끼데스까

A: はい、ここでは写真_{しゃしん}も撮_とらないでください。

하이, 고꼬데와 샤심모 도라나이데 구다사이

B: はい、わかりました。

하이, 와까리마시다

A: 여러분, 여기에 들어오지 마세요.

B: 여기는 출입금지 구역입니까?

A: 네, 여기서는 사진도 찍지 마세요.

B: 네, 알겠습니다.

학습포인트!

동사의 부정형에 ~でください가 접속한 ~ないでください는 우리말의 '~하지 마세요'라는 뜻으로 부정의 의뢰나 요구, 주의, 지시, 금지를 나타냅니다. ~なくてください라고 하지 않도록 주의해야 합니다. 또한 ~ないでほしい(~하지 말길 바래), ~ないでくれ(하지 말아줘), ~ないでよ(~하지 마요), ~ないでね(~하지 말아)의 표현으로 가벼운 금지를 나타내기도 합니다.

(동사)~てほしい
~해주었으면 한다

▶ 녹음을 듣고 소리내어 읽어볼까요?

성실하게 일을 해주었으면 한다.   ✓ ? ?

真面目に仕事をしてほしい。
まじめ　　　しごと

마지메니 시고또오 시떼 호시-

~てほしい는 '~해 주었으면 한다'는 뜻으로 말하는 사람의

약속은 꼭 지켜주었으면 한다.   ? ? ?

約束はしっかり守ってほしい。
やくそく　　　　　まも

약소꾸와 식까리 마못떼 호시-

희망이나 욕구를 나타낸다

봉급을 올려주었으면 합니다.   ? ? ?

給料を上げてほしいです。
きゅうりょう　あ

큐-료-오 아게떼 호시-데스

ほしい(갖고 싶다)는 형용사 활용을 한다

이 기계의 사용법을 가르쳐 주었으면 합니다만.   ? ? ?

この機械の使い方を教えてほしいんですが。
きかい　つか　かた　おし

고노 키까이노 쓰까이카따오 오시에떼 호시인데스가

~んですが ~입니다만, ~합니다만

언제나 건강하게 지냈으면 좋겠군요.   ? ? ?

いつも健康でいてほしいですね。
けんこう

이쯔모 켕꼬-데 이떼 호시-데스네

언제 우리 집에 놀러 왔으면 합니다.   ? ? ?

いつか私のうちへ遊びに来てほしいですね。
わたし　　　　　あそ　　き

이쯔까 와따시노 우찌에 아소비니 기떼 호시-데스네

242

말해볼까요?

A: **すみませんが、ここに来てほしいんですが。**

스미마셍가, 고꼬니 기떼 호시인데스가

B: **何のご用がありますか。**

난노 고요-가 아리마스까

A: **仕事のため、話したいですが。**

시고또노 다메, 하나시따이데스가

B: **はい、今すぐ行きます。**

하이, 이마 스구 이끼마스

A: 미안하지만, 여기로 와 주었으면 하는데요.

B: 무슨 용무가 있습니까?

A: 일 때문에 이야기하고 싶은데요.

B: 네, 지금 곧 가겠습니다.

학습포인트!

동사의 て형에 바람을 나타내는 ほしい를 접속한 ~てほしい의 형태는 우리말의 '~해 주었으면 한다'의 뜻으로 말하는 사람의 바람이나 희망, 욕구를 나타냅니다. ほしい는 형용사이므로 정중하게 말할 때는 です를 접속하여 ~てほしいです로 나타냅니다. 그러나 명사에 접속할 때는 ~がほしい의 형태로 '~을(를) 갖고 싶다'는 뜻이 되며 갖고 싶은 대상물에 조사를 를 쓰지 않습니다.

~でしょう

~이(하)겠지요

 녹음을 듣고 소리내어 읽어볼까요?

그는 분명 훌륭한 의사가 될 것입니다.

彼はきっといい医者になるでしょう。
かれ　　　　　　　　　い　しゃ

카레와 깃또 이- 이샤니 나루데쇼-

~でしょうは~です의 추측형이다

교실에는 아무도 없겠지요?

教室には誰もいないでしょう。
きょうしつ　　　だれ

쿄-시쯔니와 다레모 이나이데쇼-

~でしょう의 끝을 올려 말하면 확인하는 표현이 된다

한국요리는 더 매울 거예요.

韓国料理はもっと辛いでしょう。
かんこくりょうり　　　　から

캉코꾸 료-리와 못또 카라이데쇼-

내일도 비가 올 거예요.

あしたも雨でしょう。
あめ

아시따모 아메데쇼-

 雨でしょう＝雨が降るでしょう

달님도 잘 보이겠지요.

お月様もよく見えるでしょう。
つきさま　　　み

오쓰끼사마모 요꾸 미에루데쇼-

 見える 보이다

내일도 더워질까요?

あしたも暑くなるでしょうか。
あつ

아시따모 아쯔꾸나루데쇼-까

 ~でしょうかは 정중한 추측의 의문을 나타낸다

말해볼까요?

A: あしたの試合はどうなるんでしょうか。

아시따노 시아이와 도-나룬데쇼-까

B: そうですね。あした分かるでしょう。

소-데스네. 아시따 와까루데쇼-

A: まだ試合の切符はあるんでしょうか。

마다 시아이노 김뿌와 아룬데쇼-까

B: さあ、あるかどうか電話してみます。

사-, 아루까 도-까 뎅와시떼 미마스

A: 내일 시합은 어떻게 될까요?

B: 글쎄요. 내일 알 수 있겠죠.

A: 아직 시합 표는 있을까요?

B: 글쎄, 있는지 없는지 전화해보겠습니다.

 학습포인트!

~です의 추측형인 ~でしょう는 추측을 나타내기도 하고, 상대방에게 확인하거나, 자기가 말한 것에 대해 상대방의 동의를 구할 때도 쓰입니다. 종조사 か가 접속한 ~でしょうか는 '~할(일)까요?'의 뜻이 됩니다. 앞서 이미 배운 것처럼 조동사 です는 ~でした, ~ではありません, ~ではありませんでした, ~で(も) 등으로 활용을 합니다.

일본한자의 신자체

일본은 상용한자의 자체(字体)를 만들어 글자의 점이나 획의 복잡함을 정리하여 그 표준을 정하였습니다. 이것을 신자체(新字体)라고도 하며, 약 500여자가 약자화(略字化) 또는 변형화(変形化), 증자화(增字化)되었습니다. 따라서 일본어 한자 표기는 반드시 일본에서 제정한 일본식 신자체를 써야 하며, 우리가 쓰고 있는 정자체(正字体)를 쓰면 안 됩니다.

주요 신자체(新字体) 왼쪽이 정자 오른쪽이 신자체							
假	仮	單	単	辯	弁	專	専
覺	覚	斷	断	寶	宝	戰	戦
擧	挙	當	当	佛	仏	錢	銭
檢	検	黨	党	拂	払	轉	転
劍	剣	對	対	澁	渋	從	従
經	経	臺	台	續	続	晝	昼
輕	軽	圖	図	實	実	遲	遅
繼	続	燈	灯	亞	亜	參	参
鷄	鶏	藥	薬	兒	児	賤	賤
關	関	來	来	嶽	岳	鐵	鉄
觀	観	兩	両	壓	圧	廳	庁
廣	広	歷	歴	樂	楽	體	体
敎	教	戀	恋	與	与	總	総
區	区	禮	礼	驛	駅	醉	酔
毆	殴	勞	労	榮	栄	齒	歯
國	国	綠	緑	藝	芸	寢	寝
勸	勧	龍	竜	譽	誉	學	学
氣	気	萬	万	醫	医	漢	漢
惱	悩	賣	売	雜	雑	歡	歓
腦	脳	發	発	將	将	劃	画